올바른 교육행정을 지향하여

올바른 교육행정을 지향하여

충남대학교 교수
주 삼 환 지음

한국학술정보(주)

머 리 말

　우리는 지금 단군기원 44세기를 살고 있는 것인데 줄어든 숫자로 서기 21세기를 살게 되었다. 21세기 새해가 떠올랐다고 해도 크게 달라진 것은 있을 수 없다. 희망도 실망도 모두 자기 자신의 마음속에 달려 있기 때문이다. 자신의 마음을 바꾸면 세상이 달라지고 자신의 마음을 바꾸지 않으면 세상은 달라지지 않는다.

　우리 한국인은 열심히 살아온 민족이다. 부지런히 일하고 열심히 자녀를 가르쳐 왔기 때문에 세계가 주목하는 나라가 된 것이다. 우리는 저력이 있고 희망이 있는 민족이다. 방향만 잘 잡는다면 말이다. 지도자는 우리 민족의 방향을 바르게 잡는 일을 해야 한다. 올바른 방향을 잡는 일이 더 앞선다. 산업사회의 생각을 갖고 열심히 하는 것보다 설사 좀 덜 열심히 하는 한이 있더라도 지식정보형 사고를 해야 승산이 있다.

　지식정보사회에서 중요한 지식정보는 산업사회에서처럼 공장에서 기업이 만들어 내는 것이 아니라 교육이 주로 학교에서 만들어내는 것이다. 그래서 지식정보사회에서 교육이 중시된다. 우리는 교육으로 살아온 나라이다. 앞으로도 교육에 우리 민족의 운명을 걸어야 한다. 그런데 많은 사람들이 최근 우리 교육이 잘못되어 가고 있다고 하는데 우리 지도자들은 계속 잘못된 방향으로만 교육을 이끌어 가고 있어 걱정스럽다고 말하는 사람이 많다. 이 책에서도 계속해서 교육이 잘못되어 가고 있는 점을 지적하였다. 참고가 되었으면 한다. 무엇보다도 교육은 원칙과 본질에 충실해야 한다. 지식과 정보도 중요하지만 이보다 사람다운 사람을 길러내는 일이 더 중요하다.

44세기가 되었든 21세기가 되었든 앞으로 우리는 인간답게 살 수 있어야 한다. 아름다운 생각을 하면서 아름답게 살아야 한다. 물질로만 살 것이 아니라 아름다운 문화 속에서 살아야 한다. 우리의 교육은 우리로 하여금 인간답게 살 수 있도록 가르쳐 주는 기능을 해야 한다. 자연과 함께 자연스럽게 살 수 있도록 교육이 도와줘야 한다. 윤리도덕의 질서 속에서 편안하게 살 수 있도록 교육에서 가르쳐 줘야 할 것이다.

1년간 필자가 썼던 글을 세 부분으로 나누어 묶어 놓았다. 1년 동안 강조하다 보니 같은 말, 같은 글이 많이 나온다. 이것은 강조하는 의미도 있지만 또 다른 측면은 변해야 할 것이 변하지 않았기 때문이기도 하다. 비판은 비판을 위한 것이 아니라 잘 해 보자는 의미이다. 그 동안 필자의 생각에 동의하고 성원을 보내 준 교육동지들에게 감사한다.

2006년 2월
저자 주삼환

차 례

제 I 부
새 시대의 교육과 교육행정

1. 내가 본 20세기의 교육

20세기를 시간적으로 따져 1900년에서 1999년으로 친다면 나는 20세기의 5분의 3인 60년을 실제로 살고 5분의 3의 60년은 전해 듣고 책을 읽어서 알게 되어 간접적으로 산 셈이다.

지나간 60년 중 24년은 순전히 자라면서 학생으로 공부하고 교육을 받은 기간이며 나머지 36년 중 약 15년은 초등교사로서 가르치며(敎育) 동시에 학생으로서 배운(學習) 시기이며, 나머지 21년은 교사로 또는 교수(敎授)로 가르치는 일만 해 온 기간이다. 결국 20세기 중 60년을 교육과 함께 살아온 셈이다.

지나간 20세기의 한국교육은 근대교육의 시작으로 하여 산업화의공장형(工場型) 현대교육을 한 것이라고 특징지을 수 있다.

소수, 귀족, 양반계급의 자녀만 서당식 교육을 받을 수 있었는데 20세기초 서양식 신식교육의 근대학교가 설립되면서부터 서민 자제까지 교육을 받을 수 있는 기회가 마련되어 20세기에 대량교육이 되면서 교육의 기회균등이 이루어지게 되었다.

근대교육의 발단은 1883년 원산학교(元山學校)의 민간학교와 동문학(同文

學)과 육영공원(育英公院)의 관학으로 보며. 이어서 1885년~1890년 연희·
경신·배제·이화의 전신인 기독교계 학교가 설립되면서 근대학교의 터전이
닦이고 확대되게 된다.

1895년 교육입국조서. 소학교령이 공표되면서 신학제가 태동하게 되나
1905년 을사조약과 함께 일본 식민지교육의 영향을 받게 된다. 일본의 영
향 속에서 점진학교, 양정의숙, 광성실업, 한성사범학교, 보성, 휘문, 진
명, 숙명, 중동 등 수많은 사학, 민족학교가 출현하게 되어 우리나라의 20
세기는 근대 신식학교의 설립과 함께 시작되어 식민지 해방을 위해 싸우는
투쟁사와 함께 열린 셈이다.

식민지교육은 내선일체, 동화정책, 신도사상교육, 문맹정책, 우민정책,
역사의식 말살정책, 중앙집권제, 관·공우위정책을 받게 되었는데 이에 굴
하지 않고 우리의 교육열은 더욱 뜨겁게 달아올랐으나 우리도 모르는 사이
에 일본의 식민교육정책은 우리 교육 속에 스며들었을 것이다. 겉으로 항
일교육을 하고 있으면서 속으로는 일본식교육을 따르게 된 것이다.

우리의 힘으로 독립하지 못하고 남의 나라 힘으로 해방되면서 우리의 고
려·조선시대의 교육사상에다, 일제 식민잔재에 더하여 미국교육의 바람이
불어 닥친 것이다.

미국교육의 가장 큰 바람은 진보주의 교육사조이다. 아동중심, 흥미중
심, 생활중심, 경험중심이라는 것이었다. 겉은 진보주의였지만 우리 교육
의 바탕과 뿌리 속은 여전히 주입식, 교사중심, 교과서중심이었던 것이다.

내가 사년간 받은 교육도 36년 동안 해 온 교육도 모두 속과 겉이 다른 실
제와 이론이 다른 교육이었다고 할 수 있다.

그 후 한국교육은 외국 교육이론의 실험장이 되었고 그래서 우리의 교육
은 지금도 겉돌고 있는지 모른다. 또 20세기의 절반은 반공교육에 바쳤다
고 봐도 좋을 것이다.

20세기는 산업사회이고 산업사회는 공장(工場)이 상징물이다. 우리의 학
교와 교육도 공장모형(工場模型)을 따르고 있다.

대량교육, 분업에 의한 조립식 교육, 틀에 구워내는 획일교육, 관료제 중앙통제식 교육, 실증적 객관화 교육이 바로 학교와 교육을 공장으로 본 교육이다.

이 공장모형 교육은 적은 돈, 짧은 시간에 많은 인구를 문맹 퇴치시키고, 모든 국민을 의무교육 시키고, 세계적으로 많은 대학생을 갖게 되고, 산업사회도 만들고, 민주주의 국가도 건설한 밝은 면도 가지고 있다. 우리의 대량교육은 짧은 시간 내에 산업화시키는 데 크게 기여했다.

그러나 산업사회, 이 공장모형의 교육으로는 더 이상 21세기 지식정보사회를 지탱할 수 없다. 그래서 우리가 지금 21세기의 역사적 문턱에서 고생을 하고 있는 것이다.

지식정보사회는 교육이 지배하는 사회이다. 우리의 교육도 새 시대에 맞게 지식정보형 학교와 교육으로 일대 변신을 해야 한다(大田日報. 1999. 1. 24).

2. 역사의 문턱에 선 한국교육행정

우리는 지금 공교롭게도 10년대, 100년대, 1000년대가 동시에 바뀌면서 사고와 사상도 함께 바뀌는 문턱을 넘고 있다. 19세기에서 20세기로 넘어설 때, 우리는 변화의 파도에서 밀려나 지난 한 세기 동안 많은 고생을 하다가 다행히 지난 1960∼1980년대 30년 짧은 기간에 산업화로 선진국을 많이 따라잡았다고 생각했었다. 우리가 산업화에 어느 정도 성공했다고 성취감에 도취되어 흥분하고 열광하고 있을 때 시대정신은 지식정보사회로 이미 바뀌어 버렸던 것이다. 우리의 산업사회구조와 사고가 지식정보 사회구조와 사상에 맞을 리가 없다. 그래서 우리는 이 역사의 문턱에서 경제적 시련을 겪게 되었는지도 모른다. 그런데 이렇게 겉으로 보이는 구조적 시련, 경제적 시련보다 더 큰 시련은 사상적 시련, 정신적 빈곤일지 모른다. 사상적·정신적 전환만 확실히 할 수 있다면 분명히 구조적·물질적 시련은 쉽게 극복할 수 있으리라 믿는다. 사고의 전환, 정신적전환은 교육의 몫이다.

이성·과학·경제의 시대가 가고 정신·상징·아이디어의 시대, 지식정보사회가 오면서 이래저래 교육은 더욱 중요시된다. 지식과 정보, 정신과 아이디어는 산업사회에서처럼 공장에서 만들어 내는 것이 아니라 '교육'에서 만들어 내는 것이기 때문에 역사의 문턱에서 교육이 더욱 중요시되고 강조되고 있다. 그래서 교육은 국가의제의 최우선 순위에 놓여야 한다. 그런데 이 시점에서 교육이 자꾸 정치논리, 경제논리에 놀아나고 표면적으로 보이기 위한 교육행정을 하고 있는 것은 안타까운 노릇이다.

한국학교와 교육은 그런 대로 산업사회에는 맞게 되어 있었던 셈이다. 대량교육, 획일교육, 분업교육, 실증교육 등이 그런 대로 산업사회에 알맞았기 때문에 지난 30여 년 동안에 산업화를 단축시키는데 교육이 크게 기여할 수 있었던 것이다. 그러나 이런 학교와 교육, 교육행정이 지식정보사회에 계속 알맞을 수는 없다. 산업사회에 기반을 두고 만들어진 근대학교에서 발전한 현대학교와 교육이 지식정보사회에 알맞을리 없다. 현대학교를 계속 수선해서 쓰기보다 새로운 형태의 지식정보형 학교와 교육으로 지식정보형 인간교육을 할 수 있도록 새로이 설계하는 것이 더 빠를 수도 있다.

한국교육은 산업사회형으로부터 지식정보형으로 최소한 다음과 같이 전환해야 한다.

첫째, 한국교육은 양(量)의 교육으로부터 질(質)의 교육으로 전환하거나 보완하여야 할 것이다.

둘째, 지나친 분업주의 교육, 세분화의 교육으로부터 통합과 연결의 교육으로 전환하거나 보완할 필요가 있다.

셋째, 규격화·정형화·획일화의 교육으로부터 다양화·개성존중교육으로 보완해 줘야 한다. 그러면서도 남과 어울려 더불어 일할 수 있는 사람을 길러내는 교육을 할 수 있어야 한다.

넷째, 지나친 논리·분석·실증·객관을 넘어 느낌이 있는 인간을 길러내는 교육도 중시해야 한다.

이러한 사고와 맥락에서 한국교육행정도 이제야말로 전환하지 않으면 안 된다.

첫째, 한국교육의 방향을 바로 잡아주고 제시해 주는 교육행정철학을 갖고 지식사회를 위한 중심적 역할과 기능을 해야 한다.

둘째, 교육행정 서비스의 질 향상을 위한 변신을 해야 한다. 그렇지 않으면 교육행정은 불필요한 존재로 내몰려지게 된다. 교육행정은 행정 본래의 정신 그대로 봉사·지원의 자리로 돌아가야 한다.

셋째, 교육행정은 교육 실제가 이루어지는 현장에 따라 붙어줘야 한다.

교육행정은 높은 곳에 위치하거나 캐비닛 속, 책상 위에 놓여 있어서는 안 된다.

넷째, 교육행정은 전문직(profession)이 되어야 한다. 지식사회의 교육행정은 일반인이 감당하기 어렵다. 우직스럽게 한 우물을 파는 지식 전문인에게 교육행정을 맡겨야 한다. 2, 3년마다 자리바꿈하는 일반인이 전문교육자와 교육을 지배하는 원시행정으로는 지식사회교육을 위한 서비스를 제대로 할 수 없다.

다섯째, 지식정보사회 교육을 위한 교육행정구조의 개혁과 함께 교육행정문화, 교육문화도 동시에 개혁되어야 한다. 문화개혁이 따라붙어줘야 구조개혁도 성공할 수 있다.

이러한 시간적, 사상적 전환기인 역사적 문턱에서 한국교육행정학회는 교육과 교육행정 실제를 위하여 중심적 역할을 담당해야 한다. 철학과 이론적 틀을 제시해 줘야 한다. 교육행정학자도 실제에 참여하여 방향 제시를 해야 한다.

그리고 원칙에 충실해야 한다. 전환적 역사의 문턱에서 성공적 지식사회 교육을 위한 한국교육행정회원의 중심적 활동과 역할을 기대한다(한국교육행정학회 소식 제62호. 1990. 1. 28).

3. 새로운 세기, 새로운 교육지도자

1) 역사의 문지방에 선 교육

우리는 지금 역사의 문지방을 넘고 있다. 공교롭게도 10년대, 100년대, 1000년대가 동시에 바뀌는 시간적 문턱을 넘으면서 동시에 사상과 사고(思考)의 틀까지 바뀌는 문명사적·역사적 문지방을 넘고 있는 것이다.

19세기에서 20세기로 넘어갈 때 일본은 그래도 재빨리 변화의 파도에 올라 탔었기 때문에 지나간 100년 동안 다른 나라를 괴롭히는 나쁜 짓을 하고도 지금 경제적으로 잘 살고 있으며 세계 지도국가 그룹에 끼어 큰소리치며 살고 있다. 우리는 그 당시 변화의 파도에서 밀려났었기 때문에 남의 나라 식민지 지배를 받는 고통을 겪고, 남과 북으로 허리가 잘린 채 지나간 세기를 고통으로 보내고 지금 두 동강난 조국을 업고 세기의 문지방을 넘어야 할 입장이 된 것이다.

20세기에서 21세기, 새로운 천년으로 넘어가는 이 역사적 문지방을 우리가 슬기롭게 넘지 못한다면 우리는 앞으로 지나간 세기보다 더 어려운 고통을 겪거나 아주 벼랑으로 추락하게 될지도 모른다. 이 역사적 문지방은 누구보다도 우리 민족에게 더 결정적 시기(critical period)가 될 수도 있다.

그래도 다행히 우리 민족에게 기회가 주어져 1960년대, 1970년대, 1980년대 30년 동안에 늦게나마 20세기의 특징인 선진국의 산업화(産業化)를 많이 따라잡을 수 있었다. 우리가 늦게 헐레벌떡 산업화란 작은 언덕에 올라와 우리도 해냈다는 성취감에 도취되어 흥분하고, 열광하고, 때로는 오

만에 빠져 가슴을 풀어헤친 사이 찬바람이 휘몰아쳐 IMF란 독감에 걸리게
된 것이다. 우리는 좀더 차분하고, 철저하고, 겸손해져야 한다. 선진국이
200년, 300년 걸려서 이룩한 산업화를 30년으로 단축하다 보니 모든 것이
거칠게 되어 여기저기서 터지고, 끊어지고, 무너지고, 폭발하고, 곤두박질
치고, 침몰하고 있는 것이다. 모든 것이 허물어지는데 '한국호' 경제라고
안 무너지겠는가? 결국 도덕적 해이, 윤리적 공황이 경제공황을 가져와
IMF체제가 된 것이다.

　그러므로 IMF란 병을 근본적으로 치료하려면 한국의 윤리·도덕의 기초
를 올바르게 세워 놔야 한다. 그러면 윤리·도덕의 기초는 어디서 만들어
내야 하는가? 산업사회의 상징이었던 연기 나는 공장에서 만들어 낼 것인
가? 그렇지 않다. 윤리·도덕은 산업사회에서 물건 만들어 내듯이 공장에
서 만들어 낼 수는 없다. 교육을 통해서 만들어 내야 한다. 교육 중에서도
가정교육, 사회교육, 종교교육에서 만들어 내야 한다. 우리나라의 윤리·
도덕이 무너졌기 때문에 21세기로 넘어가는 역사의 문턱에서 한국의 경제
가 무너진 것이다. 잘 살고 싶으면 인간교육을 제대로 해야 한다. 윤리·
도덕의 회복을 위해서도 앞으로 교육은 더욱 중요시되지 않을 수 없다.

　우리가 산업화의 작은 언덕에 헐레벌떡 겨우 도달했을 때 선진국은 거기
서 우리를 기다리고 있지 않았다. 그리고 계속 산업화란 같은 방향으로 달
아나고 있었던 것도 아니었다. 선진국들이 계속 산업화의 방향으로 달리고
있었더라면 우리가 속도만 더 내면 정말 선진국 대열에 진입할 수도 있었
을지 모른다.

　우리가 마치 선진국이 다 된 것으로 착각하고 산업사회 생각에 젖어
GNP 1만 달러, OECD 가입을 자랑하고 뽐내고 있을 때 선진국들은 역사
적 방향을 바꾸어 달리고 있었다. 지식정보사회로 역사의 시계추는 방향을
바꾸었던 것이다. 우리의 사상, 구조가 지식정보사회에 알맞지 못했던 것
이다. 그래서 우리는 전환기의 역사적 문턱에서 IMF에 무릎을 꿇고 만 것
이다. 이를 극복하기 위해서는 국민들로 하여금 지식정보를 창출·조직 활

용할 수 있는 능력을 길러내야 한다.

그러면 지식과 정보는 어디서 만들어 낼 것인가? 또 지난 세기처럼 지식정보를 공장에서 만들어 낼 수 있을 것인가? 이것도 역시 교육에서 만들어 내야 한다. 지식정보도 윤리·도덕처럼 교육의 몫이다. 이래저래 교육이 중시되지 않을 수 없다. 이렇게 교육이 중시되는 전환기인 이때에 교육이 국가 의제의 우선순위에서 밀려나는 것은 매우 불행한 일이다. 당장 눈에 어른거리는 경제가 급하다고 눈에 잘 안 보이는 교육을 외면하게 되면 나중에는 더 많은 투자를 해도 그때는 이미 늦게 될지 모른다. 모든 것에는 때가 있는 법이다.

지금은 군사적 국경, 정치적 국경은 높고, 단단히 쌓도록 강대국들이 인정해 주었지만 경제적 국경과 교육·문화·예술의 국경은 모두 허물어 버리고 있다. 우리가 국내구조로 되어 있는 것을 국경을 허문 국제구조, 지구촌 구조로 빨리 바꾸지 못해서 지금 역사의 문턱을 넘는 데 시련을 겪고 있는 것이다. 우리가 미시적으로 개인 한 사람 한 사람의 생명과 인격, 행복, 인간적인 삶의 질을 존중하고 보장해 주면서 동시에 거시적으로 우리의 생각을 지구촌으로 넓혀야 한다. 하나의 지구관을 가져야 한다는 말이다. 하나의 지구를 온 지구마을 사람들이 공유하고 어울려 조화롭게 살 생각을 해야 한다. 이런 지구촌 생각도 교육을 통해서 가능해진다.

이래저래 역사의 문지방을 넘는 이 시점에서 시련을 극복하고 밝은 미래를 열기 위해서는 과거 어느 때보다도 교육이 더 중시되지 않을 수 없다. 우리나라가 30년 동안에 산업화를 이룰 수 있었던 것도 교육이 뒷받침해 줬기 때문이라고 한다. 국민 중에 교육받은 인구가 많이 있었기 때문에 단기간의 산업화가 가능했던 것이다. 그런대로 우리의 학교와 교육이 산업시대에는 알맞았던 셈이다. 그러나 우리의 교육이 지식정보사회에도 알맞을 수 있느냐에는 회의적이다. 산업사회에 알맞게 되어 있는 현대학교를 계속 수선해서 고쳐서 쓸 것이냐, 아니면 근본적으로 지식정보형 학교와 교육을 새로 설계하여 만들어 낼 것이냐에 관해서는 국가적 결정을 해야 할 때라고 본다.

2) 전환적 교육

학교가 생기기 전의 교육은 개인의 문제이고 가정의 몫이었다. 그러다가 공공의 교육적 필요에 의하여 공립·국립학교를 설치하기에 이르렀다. 이 세상에 처음 공립학교를 만들 때 어떤 사상과 생각을 갖고 학교의 형태를 설계하였을까? 아마도 산업사회의 필요성에 의하여 산업사회에 알맞게 설계했을 것이다. 그래서 학교를 초등·중등으로 나누고, 연령에 의하여 학년으로 나누고, 이를 다시 한 교사가 한 학급을 맡아 가르치는 집단형태의 교육제도로 만들었을 것이다. 그리고 또 교과별로 나누어 가르치게 한 것이다.

이것이 발전하여 현대학교가 되었는데 이런 형태의 학교는 결국 산업사회에 알맞은 공장 형태를 닮게 된 것이다. 이런 공장형 학교로는 지나간 세기 산업사회에서는 버틸 수 있었을지 모르나 지식정보사회에는 더 이상 알맞을 수가 없다. 공장형 학교로부터 지식정보형 학교와 교육으로 전환하는 전환적 교육을 해야 하는 것이다.

첫째, 산업사회의 양으로부터 지식정보사회의 질의 학교, 질의 교육으로 전환해야 한다. 산업사회는 소품종 대량생산, 대형화 지향이었다. 대량교육과 대형학교에 관한한 한국교육은 성공적이었다고 할 수 있다. 식민지 시대, 6·25 전쟁, 빈곤시대의 국가적 어려움에도 불구하고 전 국민을 의무교육으로 중학교까지 졸업하게 하고, 거의 모든 국민이 고등학교까지 마치게 되고, 이제 인구 비례 대학생인구도 전 세계에서 가장 높은 나라가 되었다.

출석일수·수업시간 수도 많고, 교과목 수도 많고, 아마 책가방 크기와 무게도 세계 제일에 속할 것이다. 그런데 양적인 성공에 반비례하여 질적인 실패를 한 것이다. 지식정보사회는 질이지 양이 아니다. 40분~50분 수업의 질에 민족의 운명을 걸어야 한다. 학생들의 학교생활의 질 향상에도 노력을 경주해야 한다. 『많이 가르치고도 실패하는 한국교육』(필자의 책이름)을 하지 말고 좀 덜 가르치고도 성공하는 인간교육을 해야 한다.

둘째, 산업사회 공장형의 표준화, 정형화, 획일화, 조직화, 통제, 절대성, 중심성, 고정화, 고착화의 교육으로부터 다양화, 독특성, 다원적 가치, 상대적 도덕·문화, 탈중심성, 융통성의 교육으로 전환해야 한다. 산업사회의 공장에서 어떤 틀과 기계에다 물건을 찍어내듯이 획일적 인간, 평균적 인간(Mr. Average)을 찍어내서는 지식정보사회에 살아남을 수 없다. 다양성이 조화를 이루고 공존하는 아름다움을 가꾸어 내야 한다. 학생들이 교과서와 교사와 똑같은 생각을 하도록 강요해서는 안 된다. 하나의 잣대로 교육청 평가, 학교 평가를 해서 획일로 몰고 가는 것은 잘못된 생각이다. 지금 온 나라가 온통 평가병에 걸려 있다.

셋째, 지나친 분업, 분화, 세분화, 특수화(specialization)의 전문화(professionalization의 전문직화가 아닌), 부품조립생산, 얄팍한 경제논리, 경쟁논리의 교육으로부터 종합, 통합, 연결, 협동, 공동노력, 균형, 조화, 팀정신, 대인관계, 사회적 관계 강조의 교육의 방향으로 가야 한다. 우리는 지나간 세기에 분업에 의한 조립생산교육을 해놓고 교사들이 주는 지식의 파편조각을 학생들이 모아(조립하여) 스스로 전인이 되기를 기대했으니 그게 가능하겠는가? 이제는 쪼개기 교육이 아니라 팀교육과 통합교육의 방향으로 가야 한다.

넷째, 산업시대의 집권화, 집중화, 관료제의 학교와 교육으로부터 분권화, 팀행정, 망조직(network), 임시조직, 권한위임(teacherempowerment. student empowerment)의 학교와 교육으로 바뀌어야 한다. 그래서 자율과 자치, 책임의 교육을 해야 한다. 위대한 한 사람의 의견보다 집단의 지혜가 중시된다.

다섯째, 실증주의에 의한 관찰, 실험, 측정, 경험에 의한 증명, 객관화, 계량화, 논리, 가치배제, 합리성, 왼쪽 뇌, 찬 머리만 강조하는 교육을 했으나 해석학과 현상학에 바탕을 둔 주관성, 감성, 정성적, 가치부여, 의미부여, 윤리·도덕성, 오른쪽 뇌, 뜨거운 가슴, 날랜 손발, 느낌표를 강조하는 교육도 중시된다. 전자와 후자의 조화에 노력해야 할 것이다.

여섯째, 이제 학교와 교사, 교과서가 더 이상 지식과 정보를 독점하는 시대가 아니라 지식과 정보가 모두 개방되고 공유하는 시대가 되었다. 학교와 교사, 교과서가 더 이상 교육과 지식·정보를 독점할 수 없다. 그래서 학교, 학습, 교사의 위치와 위상이 바뀌게 된다.

이 외에도 산업시대의 동시화시간중심, 일제식으로부터 탈동시화의 방향으로, 집단중심으로부터 개인중심교육으로, 전환해야 하는 입장이다. 이제 우리에게는 이러한 거대한 흐름의 방향에 따라 전환적 교육을 해야 한다. 산업시대의 교육으로부터 지식정보사회의 교육으로 전환해야 한다. 시간적·역사적 전환기에 이러한 전환적 교육이 요구된다. 이러한 전환기에 교장은 어떻게 해야 할 것인가?

3) 전환기의 교육지도가, 교장

첫째, 이렇게 방향이 바뀔 때, 갈림길에서는 어느 때보다도 또 무엇보다도 더 지도자의 방향감이 중요하다. 갈림길에서 우왕좌왕해도 안 되고, 잘못된 방향으로 가게 되어도 안 되기 때문이다. 교장의 방향제시, 비전 제시가 중요하다. 설사 교사와 학생이 덜 열심히 하는 한이 있더라도 올바른 방향을 잡는 일이 더 중요하다. 지금까지는 덜 중요한 일에 학생과 교사들 보고 열중하라고 하여 싫증을 나게 하고 재미없는 삶을 살게 하였던 셈이다. 의미 있고 가치 있는 유용한 일에 열중하라고 해야 살아가는 재미도 있고 일의 성과도 올라가게 된다. 우선 학교와 교육이 재미있어야 한다.

둘째, 교장의 도덕적 지도력, 문화적 지도력이 강조된다. 우리가 허물어지기 시작한 것도 도덕이 무너졌기 때문이라고 했고 또 앞으로의 사회에서는 인간답게 살아가는 일이 중요하다고 보기 때문에 앞으로 무엇보다도 윤리·도덕성이 강조된다.

교장은 학생교육의 책임자요, 한 교육기관의 책임자로서 '도덕적 지도력'을 발휘해야 한다. 미국의 서지오바니 교수는 『도덕적 지도성(Moral Leadership)』

이란 책에서 도덕적 지도성이야말로 '학교개선의 심장에 이르는 길(Getting to the beart of school improvement)'이라고 할 정도로 교장의 도덕적 지도력을 강조하고 있다. 앞으로의 사회는 지식정보사회라고도 하지만 문화예술의 사회라고도 할 수 있다. 사실 문화는 교육·문화조직과 기관에서 먼저 강조했어야 하는데 벌써 오래 전부터 기업체에서 먼저 기업문화를 강조했었다. 우수기업에는 모두 독특한 기업문화가 있었다는 것이다. 그래서 기업에서까지 독특한 기업문화를 형성하고 노력하는 것이다.

우리는 반대로 기업으로부터 조직문화를 배워와 독특한 학교문화형성에 노력해야 할 입장에 있다.

① 관료적 의사결정으로부터 참여적 의사결정의 문화로,
② 수락과 순응으로부터 창의와 비판적 사고의 문화로,
③ 굳어진 계층적 구조로부터 전문적, 동료적 구조의 문화로,
④ 고립체제로부터 협동적 공동체 문화로,
⑤ 수동적 태도로부터 적극적, 열정적 태도의 문화로,
⑥ 전통지향 학교로부터 혁신지향의 학교문화로,
⑦ 기관과 개인의 비난으로부터 기관과 개인의 책임강조의 문화로,
⑧ 경쟁으로부터 협동의 문화로,
⑨ 획일성으로부터 다양성의 문화로,
⑩ 분리로부터 동합성의 새로운 학교문화로

전환하는 데 교장은 문화지도력을 발휘해야 한다. 또

① 수직적 팀정신,
② 결점보충보다 명확한 비전에의 확신,
③ 동료관계의식,
④ 신뢰와 지원,
⑤ 공통의 가치와 흥미의 소유,
⑥ 광범한 참여,

⑦ 평생을 통한 성장의욕,
⑧ 현재생활에의 충실과 동시에 장기적 전망,
⑨ 양질의 정보에의 접근,
⑩ 계속적이고 지속적인 질 개선,
⑪ 개별교사의 자율성 확대의 문화

라는 내용으로 『문화지도성(Cultural Leadership)』이란 책을 쓰고 있는 사람도 있다. 앞으로 교장은 도덕적 지도력과 문화지도력을 발휘하여 지식정보·문화예술사회에 알맞은 교육을 해야 할 것이다.

셋째, 이러한 전환기에 교장은 교육개혁의 중심자 역할을 수행해야 하는 것만큼은 틀림없는 사실이다. 지금까지 우리나라에서의 교육개혁은 너무 급하게 서둘다 보니 중앙주도로 밀어붙이기식으로 하여 교장은 교육개혁의 대상자가 되거나 피동적 존재가 되어 결국 실패하고 있다고 할 수 있다.

교장은 개혁의 중심자이지 결코 개혁의 대상이나 피동자가 될 수 없다. 중심자란 국가의 커다란 개혁방향에 의하여 교사로 하여금 자발적으로 움직이도록 중심적 역할을 하는 인물이란 의미이다. 상부의 지시에 의한 개혁은 백전 백패이다. 이것은 선진국들의 선례에서 이미 증명된 사실이다. 교장을 제쳐놓고 무슨 개혁이란 말을 꺼낼 수 있단 말인가?

넷째, 교장 자신도 자기성장을 위해서 피나는 노력을 해야 한다. 지식과 정보가 폭발적으로 늘어나고 변하는데 교장이 멈춰 서 가지고는 지식정보형 학생교육을 할 수 없다 우리가 지금까지 남을 가르치기 위해서 노력을 많이 했으나 자기 자신을 가르치기 위해서는 덜 노력했던 점을 솔직히 인정하지 않을 수 없다. 우리가 배워야 남을 가르칠 수 있다.

다섯째, 돌아선 교심(敎心)을 어떻게 되돌려 기꺼운 마음으로 학생교육에 헌신하게 하느냐가 지금의 교장이 풀어야 할 가장 중요한 과제라고 본다. 교장의 유능·무능의 판결은 여기서 난다고 해도 과언이 아닐 것이다. 졸속하고 무리하게 교육개혁을 한다고 하다가 교원의 자존심만 긁어 놓아 교심이반(敎心離叛)을 가져왔다.

흔들린 교직사회를 어떻게 안정시키고 사기충천하게 하여 의욕적으로 가르치게 하느냐를 연구해야 한다. 21세기 역사의 문턱에서 교직사회가 흔들린 것은 IMF사태보다 더 심각한 문제라고 본다. 지식정보사회의 고지 앞에서, 바로 저기가 고지인데 바로 그 적전에서 총을 버리고 투항하거나 자살하는 꼴이 되었다. 돌아선 선생님들을 다독거려 아무 죄 없는 어린 학생들을 교육시켜야 그래도 우리 민족은 희망을 가질 수 있다. 정책 때문에 상한 마음을 어린이 사랑으로 돌리는 데 교장의 지도력이 집중되어야 할 것이다.

마지막으로, 그리고 종합적으로 말하여 앞으로 언젠가는 학교단위자율책임 경영제로 갈 것이므로 학교장의 자율과 책임이 강조된다.

학교교육은 전적으로 교장에게 맡겨지게 된다. 인사권, 재정권, 교육과 청결정권이 모두 학교에 있게 된다.

이렇게 되면 교장은 교사들과 똘똘 뭉쳐 질 높은 교육서비스를 창출하고 제공하는 데 총력을 기울여야 한다.

지식정보사회에서 국가와 민족의 운명은 그 나라 교육의 질에 달려 있다. 세기적 역사의 문지방과 경제적 시련의 문턱을 슬기롭게 잘 넘어 한국주도의 세기를 만들기 위해 새로운 세기, 새 교장의 지도력이 기대된다. 우리는 가능성을 가진 민족이다. 우리는 교육을 중시해 왔고, 또 지식중심의 교육을 해 왔다고 했다. 지식정보사회가 다가오는데 교육중시, 지식중심은 얼마나 유리한 조건인가? 우리 조상이 미래사회를 예견했는지, 아니면 시대사조가 한 국민에게 유리하게 맞춰주고 있는 것인지, 어쨌든 21세기, 새로운 즈믄해는 어쩐지 우리에게 서광이 비칠 것만 같은 느낌이 든다. 그것은 우리가 준비하고 있을 때만 맞는 말이 될 것이다(初等敎育, 1999. 8).

4. 새로운 세기의 교육을 위한
교육부의 위상과 기능

1) 시대변화에 따른 구조변화

마침 시간적으로 10년대, 100년대, 1000년대가 동시에 바뀌는 변혁의 시기를 맞아 전 세계가 변화의 몸부림을 치고 있다. 이 기회를 맞아 각 나라마다 획기적인 발전을 하고 세계의 주도권을 잡아 보자는 의도가 숨어 있다. 이러한 연대의 변화는 서력기원을 쓰는 기독교적 발상인 것은 사실이다. 다른 기원을 쓰는 나라들은 이러한 연대의 변화와 사실은 아무 상관이 없는 것이다. 그러나 설사 다른 기원을 쓰는 나라라도 세계가 떠들썩할 때 과거를 회고해 보고, 미래를 전망해 보는 것은 발전을 위해서 의미 있는 일이라고 본다.

특히 이러한 의미 있는 시간의 변화와 함께 공교롭게도 사고와 사상의 변화도 일어난다는 점에 주목해야 한다. '세기말적 증세' 같은 것도 있다는 것이다. 최소한 산업사회를 벗어나 지식정보사회로 넘어가는 것만은 틀림없다고 할 수 있다.

최근에 구조조정이란 말이 유행하고 있는데 왜, 무엇을 위한 구조조정인지 그 근본적인 것을 먼저 생각해야 한다고 본다. 필자의 견해로는 현재의 산업사회 구조를 시대정신에 맞게 지식정보사회에 알맞은 구조로 바꾸는 일이 가장 근본적인 구조개혁이라고 본다. 우리나라가 역사적·문명사적 전환기에서 이 시대에 맞는 구조를 갖추지 못했기 때문에 IMF의 시련을 겪고 있다고 본다. 그리고 앞으로도 시대정신에 맞도록 구조를 바꾸지 못하면 더 호된 고난을 겪게 될지 모른다는 사실을 인식해야 한다.

우리는 모든 틀이 산업화되어 있는 것을 빨리 지식정보사회에 알맞게 구조를 변화시키고, 국내적 구조로 되어 있는 것을 세계화·국제화 구조로 바꿔야 한다. 우리가 잘 나가는 것같이 보이다가 갑자기 어렵게 된 원인 중의 하나에는 세계시장화 구조에 알맞게 적응하지 못했기 때문이라는 점도 있다. 다원사회, 다양화에 유연하지 못하고 획일·경직사회구조로 되어 있어 변화에 적응하지 못한 점도 있을 것이다.

시대적 전환기에 살아남기 위해서는 이에 알맞게 구조개혁을 하지 않으면 안 된다. 이에 착안하여 청부조직구조도 바꾸려 하고, 교육행정조직도 바꿔야 한다는 요구가 높아지고 있다. 이 시점에서 교육부의 위상과 기능에 대하여 재음미해 보고 그 구조에 대하여 생각해 보는 것은 의미 있다고 본다.

2) 지식정보사회에서의 교육부 위상

21세기라 해도 하루아침에 모든 것이 싹 바뀌는 것이 아니다. 우리가 세기, 새로운 천 년대에 맞게 될 것을 선진국들은 이미 몇 십 년 전에 도달해 있었던 것이다. 우리 사회의 미래 모습은 선진국의 현재 또는 몇 십 년 전의 모습이 된다.

산업사회는 물질(건)과 기계적인 힘, 대량생산, 공장 등으로 상징되었다 그런데 이제는 지식정보사회로 바뀌면서 정신, 아이디어, 상징, 기호, 양보다는 질을 중시하게 된다. 인간중시사회가 된다. 지식과 정보는 산업사회에서처럼 공장에서 만들어 낼 수는 없다. 교육으로 창출해 내야 한다. 다가오는 인간중시사회에서 인간 만드는 일을 공장에서 기계의 힘을 빌려서 할 수는 없다. 기계의 힘이 아니라 지성적 힘이 국력이 된다. 지력이 국력이다. 교육을 통해서 인간중시사회에서 인간을 인간답게 살도록 하지 않으면 안 된다.

그래서 교육은 지식정보사회에서 국가 아젠다(의제)의 최우선 순위가 된다. 이를 미리 정확하게 파악한 서양의 선진국들은 새로운 세기, 새로운 천년대에도 자기들이 주도권을 계속 잡기 위해 '교육, 교육, 교육'을 외쳐대고 있다. 중앙부처 중에서 교육을 담당한 교육부의 위상이 자연히 높아지고 중시되지 않을 수 없다. 투자에 있어서도 교육에 최우선 순위를 두게 된다. 교육과 어린이는 국가의 가장 중요한 (자연)자원이 된다.

물론 총알(군사)도 중요하고 달러(경제)도 중요하지만 이름 넘어선 지력(교육, 문화, 예술)이 더 중시된다. 군사적 힘, 경제적 힘을 뛰어넘어 사회통합의 힘을 강조하게 된다. 앞으로는 학생만 학생이 아니라 전 사회인, 전 국민이 학생인 사회, 모두가 학습하는 사회(learning society)가 되어야 하는 것이다.

학교에만 교실이 있는 것이 아니라 사회, 국가, 지구가 다 교실이 되는 사회가 되어야 하는 것이다. 그러니 이런 사회를 이끌어야 할 교육부가 중앙부처 중에서 중심 부처가 되지 않을 수 없다.

남북이 갈라진 우리의 특수한 환경과 사정, IMF관리체제란 경제위기 상황이기는 하지만 미래를 위한 장기적 전망에서 교육부를 중심에 놓아야 몇 년 후 더 큰 후회를 하지 않게 된다. 경제적 위기의 처방도 근본적으로는 교육으로 극복하지 못하면 반복적 위기, 또는 주기적 위기를 맞게 된다는 것을 알아야 한다.

이런 상황임에도 불구하고 교육이 정치와 경제논리에 의하여 자주 흔들리고, 혼란을 일으키고, 국가적 우선순위에서 밀려나는 것은 아주 불행한 일이 아닐 수 없다.

그렇지 않아도 교육예산이 재경부(기획예산처)에 매어 있고, 교육인력이 행자부에 의하여 통제되는 형편인데, 최근에는 기획예산위원회라는 데서 비교육적 논리로 교육체제를 흔들어 놓는 말을 불쑥불쑥 던져 놓아 교육자들의 분노를 사고 있다. 또 교육부 내부 일부에서도 이를 즐기고 있는 집단이 있는 것 같아 안타깝기만 하다. 무계획적이고 비논리적인 교원 정년단축, 일반인 교장채용론, 대다수 교원의 뜻에 반하는 교원노조 권장 등이 그런 것들이다.

지식정보사회에서 교육부는 위상이 더 높아져야 하고 또 그 중심에 서야 한다. 교육부는 어쩔 수 없이 재경부(예산), 행자부(교육인력, 교육자치)와 연결되어야 하고, 문화·예술, 과학기술, 정보통신(정보), 노동(인력공급, 고용) 분야와 통합 또는 긴밀한 연결, 협조가 요청된다. 그래서 다른 나라에서도 교육·과학·문화가 묶여 한 부처로 있거나(일본) 고용·교육·훈련을 한 데 묶는 경우(호주)도 있다. 이런 때도 물론 교육이 그 중심에 위치하게 된다.

우리나라에서 산업화를 앞당길 수 있었던 것은 그래도 양적으로 교육받은 인구가 많이 있었기 때문에 가능했다. 교육이 뒷받침해 줬기 때문에 가능했던 것이다. 그러다가 지식정보사회에 알맞은 교육으로 바뀌지 못했기 때문에 우리가 지금 경제적 시련을 겪게 되었다고 볼 수 있으므로 지금이라도 빨리 지식정보사회에 알맞은 교육으로 바뀌고 또 교육부가 그렇게 되도록 중심을 잘 잡아야 한다.

지식정보사회를 이끌기 위해서 중앙부처 중에서 교육부의 위상은 더 높아져야 하고 여러 관련부처의 중심에 위치해야 한다.

3) 지식정보사회 교육부의 기능과 역할

산업시대의 교육부는 교육행정의 중앙조직, 상급기관으로서 교육을 끌고 가고, 지시하고, 명령·확인하는 기능과 역할을 해야만 했을지 모르나 지식정보사회의 교육부의 기능과 역할은 그게 아니다. 그런데도 교육부는 아직도 우리나라 모든 교육을 끌고 가려하고, 위험천만하게도 표준화·규격화·획일화로 몰고 가고 있다. 더구나 최근에는 교육개혁이란 이름으로 교육부가 학교현장을 흔들고 있다는 인상을 주고 있다. 교육부에 무슨 전문 인력이 있어서 교육청 평가, 학교평가를 하고, 심지어는 학교교육 계획서를 심사하고 교사연구 계획서까지 공모하여 심사하겠다는 것인가? 이게 교육부가 할 일인가? 그러면서 여기에 엄청난 교육비를 낭비하며, 실책을 하고 있는 줄도 모르는 형편이니 우리나라 교육의 현재와 미래가 암담하다는 생각마저 든다. 심지어는 교육부가 대학까지 평가해서 차등 지원한다고 수백억 원씩 날리더니 이제는 한술 더 떠 '대학평가원'까지 만든다는 것이다. 이 세상에 대학을 자신 있게 평가할 수 있는 사람이나 기관이 존재한다고 믿는가?

대학을 평가한다고 하는 나라는 지구상에 우리나라 밖에 없다. 있다면 그 나라들은 대학 스스로의 자율평가 기구에 맡기거나 민간기구에 맡긴다는 것을 알아야 한다. 그런 나라들도 교육부가 직접 돈을 만지면 통제하는 결과가 된다고 하여 일부러 민간 기구를 두어 나름대로의 공식에 의하여 배분하고 있는 것이다.

교육부가 우리나라 모든 학교에 일시에 다 열린 교육을 하라고 하고 이것에 의하여 학교평가를 하고 이에 돈을 결부시키고 있으니 세상에 이보다 더한 권위적 행정이 어디 있단 말인가? 우리나라 교육을 모두 교육부가 흔들고 있는 셈이다. 교육부가 직접 쓰고 있는 돈이 전체 교육예산의 몇 퍼센트가 되는지 계산해 보면, 교육부가 얼마나 많은 교육예산을 탕진하고 있는지 알 수 있을 것이다.

언제까지 우리나라 교육부가 이런 일을 할 것인가? 우리나라의 살림살이 규모도 커지고 국가수준도 높아져 중앙부처 관리가 모두 보살펴 주고 챙겨 주기에는 너무나 벅차게 되어 있다는 것을 알아야 한다. 입시에서 졸업까지 모든 문제를 교육부가 일일이 모두 처리하겠다는 생각은 너무 무리이다.

이제 교육부는 우리나라 교육의 큰 방향을 제시하고, 그 방향으로 가고 있는지 확인하고 이를 위해서 교육청과 학교에 권고안을 제시하는 수준의 일을 해야 한다. 그리고 우리나라 교육의 질을 관리하는 일에 비중을 둬야 한다. 교육부는 이처럼 좀 철학적인 큰일을 해야 한다. 한 나라 교육의 방향을 제시하고 질을 관리하는 일을 해야 한다. 교육과정의 많은 부분도 교육청으로 넘기고 기본적인 것만 국가 교육과정으로 교육부가 다뤄야 한다. 이것이 교육의 본질에 해당된다. 이런 큼지막한 일을 해야 하는 데 이런 일을 할 능력이 없으니 한 학교의 학교교육 계획서를 심사하여 돈을 주겠다는 발상이나 하고 있는 것이다.

둘째, 교육부가 할 일은 교육의 기회균등을 보장하기 위하여 조정하는 조정기능과 역할이다. 분권화에 의하여 지방교육청과 각 대학에 모든 교육을 맡기게 되니 교육에의 접근과 교육의 질에 지역간·계층간에 불평등이 생기기 쉬우므로 이때 교육부가 조정역할을 해야 하는 것이다. 그래도 대학에 대하여는 직접적 통제를 해서는 안 된다. 대학 중에서도 교사교육, 계속교육 같은 것은 교육부가 직접 관여할 수밖에 없다.

셋째, 교육부는 봉사와 지원기능을 해야 한다. 지금은 이름만 '지원(국, 과)'이라고 해 놓고 실제로는 군림하는 경우가 많다. 어디까지나 초·중등교육은 교육청의 몫이고, 대학교육은 각 대학의 자율에 맡겨지고 교육부는 보조자, 안내자, 지원자의 위치로 돌아가야 한다. 마치 학습에서 학습자 주도의 학습이 되고 이때 교사는 보조자가 되는 것과 마찬가지 논리이다.

그래서 필자는 교육부 : 교육청 : 학교의 비중을 거칠지만 20 : 50 : 30으로 제시한 바 있다.

넷째, 교육부는 연구기능을 해야 한다. 연구를 통해 교육행정의 전문직적인 일을 할 수 있도록 해야 할 것이다. 연구해서 한 나라의 정책을 정할 수 있도록 해야 한다.

교육부에 전문가가 별로 없다. 있다 하더라도 너무나 자리바꿈을 자주하다 보니 전문성 자체가 없어진다. 한 자리에서 수십 년씩 전문가로 일할 수 있게 되어야 한다. 산업사회가 아닌 지식정보사회에서는 일반인, 일반행정으로는 한 나라의 교육문제를 처방할 수 없다. 전공과 전문성을 키워 나갈 수 있게 되어야 한다. 그래서 필자는 교육행정 대학원에서 전문교육행정가를 양성하는 체제를 여러 번 제안한 적이 있다. 지방교육청과 대학과 교육부와의 잦은 인사이동도 가능한 한 억제되어야 한다. 교육부의 전문가로 성장할 수 있도록 하는 체제를 갖춰야 한다.

여기서는 ① 교육의 방향제시 기능 ② 기회균등 보장을 위한 조정기능 ③ 봉사와 지원기능 ④ 연구(전문가) 기능의 네 가지만을 우선 제안하는 것으로 그치고자 한다.

4) 교육부 조직변화를 위한 제안

우선 산업사회에서는 분업정신에 의하여 나누기와 칸막이를 너무 많이 했다. 그러나 지식정보사회는 통합과 연결, 균형과 협동, 팀을 중시하는 것으로 바뀐 것이다. 그래서 중앙부처도 가능한 한 부처간을 통합하거나 연결하는 통로를 마련하고 조정하는 장치를 둬야 한다. 교육부 내에서도 실·국·과를 너무 세분하는 것은 지식정보사회 시대정신에 맞지 않는다. 통합한다고 해서 곧 인원 감축을 의미하는 것은 아니다. 오히려 교육부가 전문적인 일을 하고 양질의 행정서비스를 제공해 줄 수 있게 하기 위해서는 전문 인력을 더 늘려야 할지 모른다. 전문 인력은 많이 확보하되 부서는 단순화시켜야 한다는 의미이다.

미국의 경우 차관급으로 사무, 기획예산청, 관리, 정부간 관계, 차관보급으로 초·중등교육, 고등교육, 연구개선, 특수교육, 그보다 낮은 단계로 직업 성인교육, 입법, 민권, 이중언어·소수민족 언어를 다루는 부서를 두고 있다.

영국의 경우도 초·중등교육, 고등·계속교육, 교사교육으로 나누고, 행정서비스 부서로 정보, 재정, 인사, 법, 교사연금을 다루는 부서로 나뉘는 정도이다. 호주의 경우도 고용·교육·훈련부로 되어 있음에도 불구하고 세 차관 밑에 학교·교육과정, 직업교육·훈련, 국제부서와, 고등교육, 지

원, 평가, 경제·정책분석, 고용 프로그램, 학생·청소년, 사무국을 두고
있는 정도이다.

일본의 경우도 교육과학 문화부로 되어 있음에도 평생교육국, 초·중등교육
국, 사무국, 고등교육국, 과학국제국, 체육국 정도로 나누어 일을 하고 있다.

통합과 협동, 팀의 정신에 의하여 의사결정기구 성격의 중앙교육위원회,
대학교육위원회 같은 기구의 부활도 재고할 필요가 있다고 본다. 그리고
교사, 교장, 교육감, 장관으로 구성되는 수직적 중앙교육 행정팀을 구성하
여 각 수준에 맞는 행정을 하는 노력도 해 볼 필요가 있다.

그리고 기본적인 것은 어쩔 수 없이 관료제를 유지하더라도 부분적으로 전
문적 팀제를 채택하는 것도 고려할 필요가 있다. 그리고 이런 조직은 임시조
직, 태스크 포스 성격의 유연성을 가질 필요가 있다.

둘째, 중앙부처로서 교육부는 교육의 방향을 제시하고 교육의 질 관리를
담당하는 부서를 핵심부서로 삼아야 한다. 교육부에 이런 부서가 없다면
교육부의 존재 이유 자체에 위협을 받게 된다. 초·중등교육에 관한 일을
(지방)교육청에 떼어주고, 대학교육에 관한 일을 대학 자율에 맡기고 나면
국가 전체의 교육목표와 방향제시와 교육의 질 관리가 중요한 기능이 된다.

기획관리실은 행정과 시설만의 기획관리가 아니라 교육목표 기획과 질 관
리 업무를 해야 하는 것이다. 예산이 중요한 것 같지만 예산배분은 공식에 의
해서 하면 된다. 영국의 경우 교육의 질 관리를 위한 OFSTED (Office For
Standards In Education)에만 500여 명의 전문 장학관이 배치되어 있는 실
정이다.

셋째, 국가적 교육 프로젝트(사업) 부서와 통계정보 부서를 두고 이 기능
을 강화할 필요가 있다. 초·중등교육을 (지방)교육청에 맡기고 대학 교육을
각 대학의 자율로 전환하고 나서 중앙의 교육부 입장에서는 국가적 교육 프로
젝트나 교육 프로그램을 운영할 필요성이 제기될 수 있다. 교육부에 이런 사
업을 담당할 조직이 필요하게 된다.

예를 들면 남북 동질성 회복을 위한 통일교육을 할 필요가 있다면 이는

시·도 차원을 넘어서 교육부의 어느 부서에서 담당해야 한다. 또 국가 전체의 교육통계와 정보의 관리는 교육부 전문가가 직접 해야 할 일이다. 한국교육개발원 같은 기관에 맡겨서만 할 일은 아니라고 본다. 이러한 교육통계와 정보는 교육의 질 관리부서와 연결되어야 한다.

교육부의 조직변화를 위한 제안으로 ① 전문 인력을 늘리되 부서는 통합하거나 서로 연결시키려는 노력이 필요하다고 하였다. 여기서 중앙교육위원회, 대학교육위원회의 부활·활성화와 중앙교육행정팀도 제안하였다. 그리고 부분적으로 팀제, 임시조직, 태스크 포스에 의한 조직의 유연성을 제안 강조하였다. 그리고 ② 교육의 질 관리부서의 강화를 제안하고, ③ 국가적 교육사업과 통계정보를 다루는 부서를 제안하였다.

5) 구조개혁을 넘어 문화개혁으로

산업사회에서 지식정보사회로 전환되고 있으므로 교육부도 이에 맞춰 지식사회에 알맞은 구조로 바뀌어야 한다. 지식사회에서는 지식을 다루는 교육부가 중앙의 여러 부처 중에서 가장 중시되어야 하므로 교육부의 위상은 더 높아져야 한다. 중앙의 교육관련 부서들이 서로 통합되거나 연결·협동하려는 노력이 필요하기도 하다. 이제 교육부는 더 이상 우리나라 모든 교육을 이끌고 가려고 하거나 모든 교육문제를 다 직접 해결하려고 하거나 책임지려고 해서도 안 될 뿐만 아니라 불가능하다. 교육에서 무엇이 잘못되었다고 하여 교육부를 먼저 욕하는 것도 잘못이다.

이제 교육부는 우리나라 교육이 지향할 방향을 제시하고 교육의 질을 관리하고, 교육의 기회균등을 보장하기 위한 조정역할을 하고, 봉사와 지원, 연구기능을 하기에도 너무 바쁘고 어려울 것이다.

지식정보사회에 맞게 부서를 너무 세분하기보다는 이제 통합하고, 위원회, 팀제를 활성화시킬 필요도 있다. 교육의 본질을 다루는 조직과 국가적 교육사업을 수행하기 위한 조직과 부서를 둘 필요가 있다고도 했다.

그런데 이렇게 구조와 조직을 바꿔놔도 이를 수용하고 발전시키려는 조직문화, 교육문화가 형성되지 않으면 구조개혁도 성공하기 어렵다.

구조개혁에 앞서 또는 병행하여 문화개혁이 이루어져야 비로소 변화와 개혁은 가능해진다. 우리의 의식, 정신이 지식정보사회에 알맞게 변하지 않으면 구조개혁도 성공하기 어렵다.

구조개혁에 앞서 또는 병행하여 문화개혁이 이루어져야 비로소 변화와 개혁은 가능해진다. 우리의 의식, 정신이 지식정보사회에 알맞게 변하지 않으면 안 된다. 지식정보사회에서 지식과 정보를 다루는 교육부의 위상은 한층 더 높아져야 한다. 대신 교육부는 자질구레한 업무는 모두 시·도 교육청과 대학의 자치와 자율에 맡기고 교육의 방향 제시와 질 관리 같은 큰 일을 할 수 있도록 바뀌어야 한다(새 교육. 1999. 5).

5. 새로운 세기의 교육행정에 역행하는 성과급제

1) 거꾸로 돌고 있는 시계

역사의 거대한 철학이 밑에서 꿈틀거리면서 바뀜에 따라 겉으로 나타나는 교육행정의 이론과 실제도 크게 바뀌어 왔다. 그 거대한 흐름의 하나는 1900년대 초에 나타난 과학적 관리시대이다. 이 시대는 쉽게 말하여 조직의 목표달성을 위해서 종업원을 쥐어짜던 시대이다. 이에 반기를 들고 1930년대에 나타난 두 번째 거대한 흐름을 우리는 인간관계시대라 부른다.

이 시대는 한마디로 말하여 종업원의 비위를 맞추는 체 하던 시대이다. 과학적 관리를 '정(正)'이라고 한다면 인간관계를 '반(反)'이라고 할 수 있는데, 이 양자를 '종합(合)'하고 조화를 이루려고 나타난 것이 세 번째 거대한 흐름인 1950년대 이론화 운동의 행동과학시대이다. 조직 속에서 종업원 개인과 경영자가 어떻게 행동하느냐에 초점을 맞추었던 시대이다. 그 후 체제이론이 나타나고 1970년대 인간화 물결과 함께 여러 비판 이론이 대두되었는데 이를 네 번째 거대한 흐름으로 보고 있다. 이러한 흐름 속에서 교육행정의 오늘을 맞고 있다.

그런데 1950~1970년대의 행동과학시대 중에 1930년대에 일어났던 인간관계시대에 반기를 들고 1960년대에 다시 과학적 관리시대정신에 회귀하려는 것과 비슷한 경향이 잠깐 있었는데 이를 우리는 신과학적 관리(neo-scientifie management)라 부른다. 여기에 해당되는 기법이 PERT(기획예산제도), MBO(목표관리제), 성취계약제 등이다. 이때 다시 통제, 책무성(accountability), 효율성(efficiency) 등이 강조되었다.

성과급제라는 것도 최소한 신과학적 관리시대의 생각이거나 1900년대 과학적 관리시대의 유물이라는 것을 알아야 한다. 그리고 생산량, 이윤액, 근무성적 등 양으로 측정 가능한 직업에서나 적용할 수 있는 제도이지 교육조직에서는 적용 곤란한 제도로서 선진국 등 다른 나라에서는 이미 실패했거나 적용하지 못하고 있는 제도이다.

그러면 우리는 지금 어느 시대에 살고 있는가? 1960년대에 살고 있는가? 아니면 1900년대로 되돌아가서 살고 있는가? 알다가도 모를 일이다. 지식정보사회에 살고 있지 않은가? 우리 기획예산처, 행정자치부, 교육부 사람들은 역사의 시계추를 거꾸로만 돌리고 있는 것 같다. 남의 나라에서 실패한 것만 골라서 마치 실패할 작정으로 하고 있는 것 같다. 비단 성과급제뿐만 아니다. 전국을 휩쓸고 있는 목표관리제도 과거에 되돌아가 살려는 것이다. 또 기관평가, 조직평가, 시·군 교육청평가, 학교평가, 학교장평가, 교사평가, 수행평가 등으로 온 나라가 평가병에 걸려 있다. 평가의 회오리바람도 모두 구시대의 산물로 낭비와 실패를 전제로 한 것이다. 이제는 양이 아니라 질을 추구하는 시대인데 질 관리 운동을 하는 데밍(Deming)이나 주랑(Juran) 같은 사람들은 기업체 공장에서까지도 평가 자체를 아예 하지 말라는 것이다. 평가를 하면 질이 떨어지기 때문이다. 그래서 우리는 초등학교 성적평가에서 '수·우·미·양·가'까지도 없애지 않았는가?

만일에 평가를 한다 하더라도 평가의 철학이 자체 평가, 질적 평가, 기술적 평가의 방향으로 가고 있는 흐름과 맥을 같이 해야 한다. 만날 목표에 초과달성하던 북한이 국가를 통째로 물말아 먹었다는 역사적 사실을 정부와 관료들은 확인해야 한다. 평가광신병 환자들이 역사를 거슬러 가고 국가를 망칠 일만 골라 하고 있는 것 같다.

남의 나라 교사들은 지식사회의 승자를 길러내기 위해 교직의 전문성, 교직의 전문직화를 위해 피나는 노력을 하고, 의사나 변호사, 성직자 수준의 완전 전문직화를 지향하여 투쟁하고 있는데 우리는 반대 방향인 노동조합의 노동운동으로 가고 있으니 도대체 이 나라가 어디로 가고 있는 것인가? 다른 나라들이 교원노조로 얻은 것이 무엇인가? 보수가 올라갔는가? 신분이 상승되었는가? 근무조건이 좋아졌는가?

노조가 아닌 교원조합을 했던 나라도 이제 전문직 단체로 합치는 방향으로 가고 있는데 우리는 지금 교원노조를 새로 만드는 방향으로 거꾸로 가고 있는 것이다. 교원노조로 국민에게 도움이 될 것인가, 학생·학부모에게 이익을 줄 것인가, 그렇다고 교원들 자신이 국가와 정부로부터 얻어낼 것이 있는가? 남들이 실패한 경험에 우리도 꼭 빠져 봐야만 속이 시원한가? 남의 나라에서 실패했던 구렁텅이에 나중에 빠져 나오려면 더 많은 희생과 대가를 치러야 할 것이다. 선진국에서 실패한 것을 우리는 왜 비켜갈 줄을 모르는가?

세계적으로 교원의 정년은 늘어나고 있지 결코 줄어들고 있지는 않다. 교원의 건강도 더 좋아지고 있지 나빠지고는 있지 않다. 교직의 경험과 경력은 더 존중되는 방향이지 업신여기는 방향은 아니다. 가르치는 일은 젊음과 육체적 힘만으로 되는 일이 아니다 앞으로 정년을 다시 65세, 70세로 되돌리고 늘리는 데 많은 시간과 정력, 희생을 투자하게 될 것이다. 누군가는 시대적 흐름에 거역한 실수의 대가를 반드시 받게 될 것이다.

하향식·중앙통제식으로 하는 교육개혁은 실패하기 위해서 하는 것이라는 사실을 지도층들은 이미 잘 알고 있을 것이며 또 자기들 입으로도 그렇게 말하면서 여전히 똑같은 우를 다시 범하고 있다. 독재와 독선에 빠져 있는 중앙부처 수장과 엘리트 의식의 관료들이 이 나라 교육을 망치고 있다. 많은 사람들이 비판할 때 그들은 한번쯤 멈춰 서서 생각해 볼 여유도 못 갖는가? 이것도 남의 나라에서 실패한 전철을 고스란히 그대로 밟고 있는 것이다. 마치 실패하기 위해서 하향식 교육개혁을 하고 있는 것 같이 보인다.

교사들 스스로 하고자 하는 동기와 의욕을 불러일으키지 못하면 모든 교육개혁은 실패한다는 것을 알아야 한다. 최소한 '새마을 운동' 정도의 자조·협동은 있어야 할 것 아닌가? 교사들이 말을 않고 있다고 해서 무시해도 좋다고 생각하면 큰 잘못이다. 역사적으로 민심이반, 교심이반, 민중봉기, 교사봉기가 제일 무서웠다는 사실을 알아야 한다.

우리 교원들이 개혁에 반기를 들고 싶은 생각은 추호도 없다. 다만 개혁의 방향과 방법에 이의를 제기할 뿐이다. 개혁 중에서도 교육 분야의 개혁이 제일 어려우니 만치 이 분야의 개혁은 그만큼 더 치밀한 계획과 전략이 요구된다.

즉흥적 처방으로는 개혁을 할 수 없다. 교사는 자존심을 먹고 사는 것인데 그 귀중한 자존심을 깡그리 뭉개놓고 먼지같이 미미하게 보이는 물질로 보상을 해 준다는 대책을 세우고 있으니 한심하다. 교사들을 무시하는 발상 아닌가?

국가의 정책이 시대의 철학과 흐름에 거꾸로 가고 있다. 정책입안자와 관료들이 역사에 거꾸로 돌고 있는 시계를 차고 있는 것 같다. 필자는 교원의 성과급제 발상도 이런 철학의 흐름과 역사의식 속에서 보고 있다.

2) 교원성과급제의 도입배경

성과급제란 생산량이나 판매량, 이윤액, 근무성적 등 직무·경영활동의 성과와 직접 관련시켜(비례하여) 보수를 정하는 변동임금 제도로서 성장지향적인 경우에 이 제도를 적용하는 경향이 많다. 안정지향적인 고정급에 대조가 되는 것으로 능률급 제도라고도 하며 이러한 성과급제에는 정기적 평가 결과에 따라 보수수준을 증가시키는 성취급(merit pay), 생산단위에 따라 일정액을 지급하는 개수급(piece-rate incenti- ves), 집단의 성과에 따라 지급하는 집단급, 아이디어 창출이나 제안에 대하여 경제적 보상을 해 주는 제안제도, 발생한 이윤에 따라 부가적으로 지급하는 이윤공유제 등 다양한 방법이 있다. 그런데 우리나라 교원에게 적용하려고 했던 교원성과 급제란 엄격하게 말하여 '성과상여금' 또는 '상여금성과급제'라고 할 수 있다. 즉 상여금만 성과에 따라 차등 지급하겠다는 제도이다.

그래서 근무성적에 따라 성과급상여금을 차등 지급하는데 근무성적평점 대상인원의 최 상위 10%에게는 200%, 11~25%에게는 100%, 26~50%에게는 50%의 상여금을 지급하고 그 외 반 수의 교원에게는 상여금을 지급하지 않겠다는 계획이었다.

교장급에게는 '목표관리제 평정'에 근거하여 성과를 측정하고 교감급 이하는 근무성적평정에 근거한다는 것이었다.

이론적으로 이 성과급제는 표준화·단순화된 작업으로 생산관리가 용이하고, 노동생산성의 분석 통제가 용이하고, 자극적 임금제로서 능률 향상을 도모할 수 있다는 장점을 가지고 있다. 또 단점으로는 작업표준설정에 어려움이 있고, 근로자의 인간관계가 나빠질 수 있고, 이 제도 적용범위에 제한이 있고 모든 직업, 모든 사람에게 적용하기는 어렵고, 성과와 능률에 치우치게 되므로 불량률이 높아지기 쉽고, 제도의 운영과 관리가 번잡하고 이를 위한 간접비가 증가한다는 점을 들 수 있다.

이번 성과급제의 발단은 이미 1995년부터 시작된 '특별상여수당'제도이다. 총인원의 1할에게만 월 봉급액의 100%, 75%, 50%로 차등 지급하다가 IMF사태를 이유로 이를 반납하고 대신 성과급상여금제로 이를 대체하려는 것이었다. 이 특별상여수당제를 적용할 때는 교직에서는 엄격하게 적용하기 어려우므로 이름만 빌려 나눠 먹기식, 공동경비로 쓰기, 심지어는 회식비로 쓰기 등 변칙운영 되었던 점을 상기하면 이번에 나온 상여금성과급제는 실패하거나 변칙운영을 전제로 하기 쉽다는 예상이 어렵지 않다.

특별상여수당을 줄 때도 정부는 돈을 주면서도 환영받지 못하고 욕을 얻어먹는 처지였다.

어떻게 보면 상여금성과급제는 교육부 고유의 안이라고 할 수는 없다. 행정자치부나 기획예산위원회의 압력이나 대세에 따르지 않을 수 없는 입장이었을 것으로 본다. 또 기업체 직원이나 일반 공무원에게 이런 바람이 불다 보니 교육공무원에게도 똑같이 적용하지 않을 수 없는 입장이었을지도 모른다.

행정자치부에서는 1998년 6월 2일에 '공무원 점수관리제'로 목표관리제(1급 이상), 근무성적평정제(5급 이하) 계획 발표를 시각으로 하여, 9월 21일에는 기획예산위와 예산청이 연봉제 및 성과상여금제 도입을 발표하고 12월 31일에는 '공무원 수당규정'을 개정하여 성과상여금제를 실시하게 되고, 이어서 올해 9월 18일 기획예산위가 '성과중심공무원 평가제' 도입을 발표했는데 골자는 성과가 높은 사람에게는 보너스 지급, 연봉인상 등의 유인가를 주고 낮은 사람에게는 감봉, 강등의 불이익을 준다는 것이었다.

교육 분야에서는 앞 정권 교육개혁위원회에서 '일의 양과 책임에 따른 교원보수체제 개편'(1995. 5. 31) 발표를 발단으로 하여, 교육부가 연수이수결과를 보수와 승진에 반영한다는 '교원연수 이수학점화'를 계획하고(1998. 3. 1), 임금 피크제 이야기가 나오고(1998. 5. 30), 드디어 교육부가 2000년부터 능력별 성과급제 및 임금 피크제를 도입한다고 국회에서 보고하기에 이르렀다(1998. 7. 21). 그리고 '교육발전 5개년 계획'에 능력과 실적중심의 인사 및 보수제도를 정착시키겠다고 했다. 이어서 1999년 4월 12일 국정개혁보고 회의에서 '일반 공무원에게 적용되는 성과급제를 도입하여 교원에 대한 처우를 향상'하고(성과급제가 교원의 처우 향상 목적이었는가?) '연수결과와 보상체계를 연계하고, 성과위주의 보상체계를 확립'한다고 보고해서 교원성과급제가 굳어졌다. 그러다가 최근(1999. 5) 교원들의 장관퇴진 서명서가 전달될 시점에서 교원성과급제 유보의 뉴스가 나왔다.

이 성과급제는 외국에서도 일부 고급공무원이나 일정 수준 이상(자문관 이상, 지도공무원, 과장 이상)에게 봉급의 일부분에 적용하는 정도이지 전면적으로 실시하지는 못하는 것으로 알려져 있다. 최근 영국에서 초, 중등교원에 대해 능력과 업적에 따라 급여에 차등화 하는 성과급제를 2000년부터 도입하겠다고 장관이 발표했는데(1999. 5. 12), 영국에서 가장 보수적인 교원단체인 영국교사협회(NUT)는 이에 항의하고 96%의 찬성으로 파업을 결정했다는 것이다(1999. 5. 31).

3) 교원성과급제의 문제점

성과급제는 이론적으로는 많은 장점과 그럴듯한 논리를 가지고 있음에도 불구하고 이를 실제 적용하기에는 많은 문제점이 있는 것이 사실이다. 이를 적용하여 효과만 거둘 수 있는 발전적인 제도라면 좀 귀찮고 혼란이 있어도 이를 극복하고 꼭 도입해야겠으나 이는 분명히 문제가 있으므로 도입의 재고를 권고하는 것이다.

우선 첫째, 성과급제는 과학적 관리 내지 신과학적 관리, 더 양보한다 해도 산업사회의 정신에서 나온 것이므로 근본적으로 지식정보사회의 시대정신에 맞지 않는다. 성과급제는 성과와 업적을 계량적으로 평가한 것에 근거하여 차등 대우를 해야 하는데 지금은 평가의 철학이 질적 평가의 방향으로 바뀌고, 또 극단적으로는 업무수행의 질 보장을 위해서 아예 평가 자체를 하지 말아야 한다는 이 시점에서 성과급제를 들고 나오니 문제로 지적하지 않을 수 없다.

두 번째 근본적인 문제는 교직의 특성상 성과급제가 맞지 않는다는 점이다. 교직의 성과를 측정하기 어렵다는 점 때문에 성과급제는 교직에 맞지 않는다. 인간교육의 효과는 측정하기도 어렵고 또 먼 훗날에 나타나기도 하는데 1년 단위 성과급제는 잘못되기 쉽다. 극단적으로 말하면 벌을 주어야 할 사람에게 상을 주고, 상을 줘야 할 사람에게 벌을 주게 되기 쉽다.

투입과 과정, 산출이 명확해야 성과급제를 적용할 수 있는 것인데 교육에서는 그렇지 못하다. 특히 산출이 불명확한데 어떻게 이에 근거하여 차등 지급할 수 있겠는가? 교사가 전인교육을 잘 했어도 성과급을 못 받을 수 있다.

지금 교사의 근무평정 자체가 문제인데 여기에 근거하여 성과급을 준다면 왜곡에 왜곡을 낳고 불공정하게 된다. 지금의 근무평정은 역산제가 되어 승진에나 써먹기 위한 것으로 변질 된지 오래인데 여기에 근거하여 성과급을 지급하면 이중으로 잘못을 저지르는 것이 된다. 교직에서 근무평정에 근거하여 성과급을 주는 것은 현실을 모르는 소치이다. 지금은 승진을 앞둔 사람에게 근무성적을 잘 주는 자체가 특혜인데 거기에 돈까지 얹어준다면 근거 없는 특혜가 된다.

현 실정에서는 성과급을 받은 사람도 영광스럽거나 떳떳하게 여기지 못하고 대신 못 받는 사람들을 부끄럽게 만든다. 우리 교직사회에서 성과급을 받기 위해 열심히 일하려는 의욕을 생기게 하거나 동기유발을 일으키지는 못한다. 교사는 외적 보상보다 내적 보상, 심리적 보상, 정신적 보상, 정신적 존경에 더 보람을 느낀다. 그러나 아이들이나 학부모가 성과급도 못 받는 교사라는 사실을 알게 되면 교사는 돈을 떠나서 심각한 정신적 상처를 받게 되며 학생들에게 교사의 지도력은 먹혀들지 않게 된다.

만일 교사들이 성과급에 매력을 느낀다고 해도 더 큰 문제이다. 교사들이 외적인 눈에 보이는 계량적인 일에만 매달리게 되면 교사의 인간교육 활동은 왜곡되기 쉽다. 성과급제는 교사의 유인가가 될 수도 없고 또 된다 해도 더 큰 문제이다.

성과급제는 결국 성과급 형태의 교사의 근무의욕 고취와 동기유발, 사기 앙양에 도움이 되기보다는 오히려 그 반대가 되고 있으며, 괜히 교직사회를 갈등 속으로 몰고 가게 된다.

성과급제가 교직사회에 도움이 된다면 교사들이 왜 반대하겠는가? 오히려 환영할 일이지 얄팍한 통제수단으로 사용하려는 속셈 때문에 반대하는 것이다.

성과급제가 생산성 향상에 효과가 있다는 연구결과는 외국의 생산직이나 공무원 사회에서도 아직 없다는 것이다.

셋째, 이번 성과급제가 교사를 더 분노하게 만드는 것은 종래의 체력단련비를 모두 없애고 그 돈을 가지고 교사의 50％에게만 성과급을 주려 한다는 얄팍한 술수 때문이다. 체력단련비를 주면서 가외로 특별상여수당을 1할의 인원에게 지급해 줄 때도 환영받지 못했는데 체력단련비 빼다가 성과급 주는 제도를 교원들이 좋아하겠는가?

한마디로 성과급제는 이 시대의 시대정신에도 안 맞고 교직사회의 특성에도 맞지 않는다. 지금은 성과급으로 교사들을 경쟁시키고 갈등을 조장해야 할 때가 아니라 반대로 통합과 협동, 조화를 이끌어 내야 할 때이다. 효율성과 경제논리, 정치논리로 흔들어 놓을 때가 아니라 반대로 안정과 팀정신을 강조해야 할 때이다.

4) 성과급제에 대한 대안

교사들에게 자극을 주고 동기유발을 유도하고자 한다면 성과급제보다는 먼저 정신적 보상을 하는 게 좋다. 사회적 존경, 국민적 존경, 관료들의 교원에 대한 존경을 먼저 보내 줘야 한다.

최종산출에 해당하는 성과보다는 과정에서의 노력에 대한 대가를 해 주는 것이 오히려 합당하다. 그래서 성과급을 줄 돈이 있으면 그 돈으로 부장교사를 대우해 주는 게 낫다. 어려운 일을 하는 만큼 보상을 해 줘야 한다. 부장교사는 반행정가-반수업자가 되어야 한다.

담임 수당을 올려주는 데 쓰는 게 더 합당하다. 담임에게는 많은 업무부담이 따르는 데 이에 상응하는 보상이 따라 붙지 못하고 있다.

초등교사에게도 당연히 담임수당이 제공되어야 한다.

일정 수업시간 이외의 초과수업에 대한 초과수당을 정당하게 지급하는 일이 급하다. 또 전공과목과 상치되는 과목 상치교사에 대한 보상도 고려해야 한다. 과목 상치교사에게 연구부담이 더 따르기 때문이다. 더 중요한 것은 자율연수에 대한 보상이다. 교사들이 돈 들이고 시간 들여 연수한 보상을 해 주어 전문성 신장을 위한 연수를 격려해 줘야 한다.

석사·박사학위에 대한 보상도 전무한 상태이다. 부가점수에 더하여 부가수당으로 부상해 줘 교직사회에 배움과 연구의 문화를 형성할 필요가 있다.

수업 우수교사를 뽑아 표창하고 상금으로 보상해 줘 긍지를 가질 수 있게 하는 것이 성과급보다 더 나을 것이다.

교원의 보수제도 변경은 사전에 교원단체와 먼저 협의했어야 한다. 일방적 결정과 발표는 교사를 무시하는 태도이다.

자존심을 먹고 사는 교사들을 비참하게 만들어 놓고 이제야 미미한 금전으로 때우려 하니 이것이 교원 대책이 되겠는가? 이래저래 교원정책은 실패하고 있다.

교원정책의 원천적인 문제는 정부와 관료들이 교직을 전문직으로 보지 않는 데 문제가 있다. 교원을 육체적 노동을 하는 사람으로 보아 고령교사 1명을 몰아내고 2.6명의 젊은 교사를 쓴다면서 정년연령을 낮추고, 또 교원노동조합이나 만들라 하고, 노동직에나 적용해야 할 성과급제까지 도입하려 한 것이다. 교원들은 이런 일련의 정책을 종합적으로 볼 줄 알아야 한다. 우리는 교직을 전문직으로 인정해 주는 곳에서, 또 그런 사람 밑에서 일하고 싶다. 전문직으로 인정받기 위해서는 교원들이 총 단결하여 피나는 노력과 함께 투쟁도 해야 한다. 교원성과급제는 이루어질 수 없는 것으로 괜히 말썽만 일으키고 사라지게 될 것이다(새 교육. 1999.7).

6. 정보사회형 인간교육

1) 공장형 학교에서 정보형 교육으로

지나간 세기는 산업혁명에 의하여 촉발되기 시작한 산업사회라고 할 수 있다. 산업사회에서는 20세기 산업사회에 알맞은 인간이 필요해서 공장모델의 학교에서 산업사회형 인간교육을 해 온 것이다. 선진국들이 지식정보사회로 구조개혁을 한 것도 모르고 우리가 늦게 산업화에 성공하여 이에 흥분하고, 만족하고, 도취되어 계속 성장위주, 팽창주의 산업사회 특징을 지향하다가 IMF 관리체제의 위기를 맞게 되었는지도 모른다.

우리도 빨리 지식정보사회로 전환해야 하고, 이를 뒷받침하는 교육으로 전환해야 한다.

미래사회는 다음 몇 가지로 특징지어질 수 있는 이러한 특징이 바로 창의성을 절실히 필요로 하게 되고 또 반대로 창의성 교육에 유리한 조건도 되고 있다.

첫째, 동시화로부터 탈동시화 시대로 가고 있다. 기계화된 사회에서는 동시에 똑같이 일제히 같은 일을 해야 했다. 그러나 앞으로의 사회는 빨리 가는 사람 늦게 가는 사람 각자 자기 속도대로 가도 된다. 산업사회에서는 공부도 일제히 똑같은 공부를 해야 하고, 정해진 시간 내에 시험문제를 끝내야 했다. 속도가 느린 사람은 손해를 볼 수밖에 없었다. 출퇴근 시간이 자유로워지고 재택근무도 가능해지는 것을 보면 탈동시화의 경향성을 짐작할 수 있다. 창의성은 정해진 시간 내에만 나오는 것은 아니다. 창의성은 번뜩이는 어떤 순간에 나올 수도 있다. 고급두뇌의 연구원들이 빈둥빈둥 노는 것 같다가도 아이디어가 떠오르면 밤낮을 가리지 않고 연구하게 된다.

둘째, 집중화, 집권화, 중심성으로부터 분산화, 분권화, 탈중심성으로 가고 있다. 모든 권한이 밑으로 내려가고 있으며 위대한 한 사람이 지배하던 시대는 지나갔다. 각자에게 책임을 맡겨야 한다. 유럽중심, 백인중심, 남성중심이 없어지게 된 것이다. 모든 면에서 참여가 중시된다. 학교운영에도 교사의 참여가 요구되고, 수업에도 학생의 참여가 중시된다. 하나의 권위, 하나의 최선의 생각만 존중되는 것은 아니다.

셋째, 대형화, 대량화로부터 소규모화, 질적 고도화의 방향으로 가고 있다. 작은 것이 아름답다고 한 지 오래되었는데 우리는 그 동안 너무나 성장위주, 대형화로 지향하다가 서리를 맞게 되있는지 모른다. 학교도, 학급도 과대규모, 과밀학급이었고 소규모학교는 자꾸 폐지한다는 것도 문제다. 이제는 양으로 승부가 안 된다. 우리의 교육도 대량주의였다. 교육받은 많은 인구가 있어서 빠른 시간 내에 산업화하는 데에는 성공했으나 정보화를 위해서는 우리의 교육의 질이 미치지 못하고 있다. 천 명의 박사보다 한 명의 빌게이츠 같은 사람이 필요한 때가 온 것이다. 우리는 아직도 교과목 수도 많고, 수업시간도 많고, 가르치고 배우는 지식의 양도 너무 많다. 이런 것들이 오히려 창의성 교육을 방해해 왔는지 모른다. 우리는 많이 가르치고도 실패하는 교육을 하고 있는 것이다.

넷째, 표준화, 획일화, 정형화로부터 다양화, 독특성, 다원적 가치, 상대성으로 가고 있다. 산업사회에서는 어떤 틀에다 물건을 구워내던 시대이므로 우리의 생각도 어떤 틀에서 벗어나기가 어려웠다. 똑같은 생각을 해야 하고 정답 하나만을 인정해야 했다. 우리나라는 특히 단일민족, 단일언어, 단일색깔을 강조하여 왔기 때문에 생각까지도 다른 생각을 하면 이단시하기까지 하였다. 다양한 생각, 다양한 시각 속에서 창의성도, 발명도 나올 수 있다.

다섯째, 분업, 세분화, 경쟁으로부터 통합, 연결, 협동, 균형과 조화가

강조되는 사회로 가고 있다. 세분해서 분업을 해야 숙달되고 능률을 올릴
수 있다고 생각했던 것이다. 그러다 보니 부분만 알고 전체를 보지 못하게
되었다. 학교에서도 교사들도 너무나 세분하여 분업을 해 왔다. 교과목을
세분하여 분업해야 잘 가르친다고 생각했었다.

  최근에는 교육계에서까지 경쟁을 유도하고 있는데 이는 시대 흐름에 역
행하고 있는 것이다. 이제는 부분을 통합시켜 전체로서 기능을 잘 하도록
해야 한다. 부분만 기능을 잘 하면 전체도 잘 한다는 생각으론 부족하다
이제는 국제사회에서까지 경쟁보다는 오히려 협동하여 조화롭게 살 생각을
해야 한다.

  여섯째, 물질, 기계, 힘의 세계로부터 정신, 상징, 아이디어의 세계로
가고 있다. 물질, 자산은 GM이 많이 갖고 있지만, MS는 상징과 아이디
어를 많이 가지고 있어서 돈을 더 벌어들인다(GM의 자산은 2.300억S인데
주식시가 총액은 180억S인데 비하여, MS의 자산은 140억S인데 주식시가
총액은 1.500S이다). 우리는 낮은 수준의 물질을 너무 쫓다가 정신을 많
이 잃어버렸다. 물질을 만들기 위해서도 아이디어를 내야 한다. 생각하지
않는 사람을 누가 밥 먹여주겠는가? 정신, 문화수준이 높아야 선진국이 되
는 것이다.

  일곱째, 중복되는 점이 있지만 집단중심으로부터 개인 고려, 개성존중
중심으로 가야 한다. 개인의 독특성을 인정하고 이를 살려주는 것이 집단
을 위해서도 좋다. 갖가지 색깔과 향내를 자랑하는 꽃들이 모여 아름다운
꽃밭을 이룰 수 있는 것이다. 갖가지 색깔이 조화를 이루어 무지개의 아름
다움을 창출해 낸다. 개성존중에서 창의성도 나온다. 다수의 횡포, 다수결
의 오류도 있는 것이다. 다수의 엘리트가 모두 오류로 갈 수도 있다. 어느
날 링컨 대통령은(엘리트) 장관회의에서 오늘은 7 : 1로 찬성되었으므로 이
안건은 부결되었다는 결론을 내렸다고 한다.

  이러한 시대적 흐름은 창의성을 절실히 필요로 하고 있다는 의미도 되지
만 동시에 앞으로 창의성 교육을 하기에 유리해지는 방향이라고 할 수 있

고, 또 창의적인 사람이 살기 좋은 사회가 도래하고 있다는 생각도 할 수
있다. 이미 많이 시사되었지만 우리의 학교가 공장모델을 따르고 있어서
창의성을 살리기 어려웠다는 이야기로 넘어 가기도 한다.

산업사회는 공장으로 상징된다. 분업에 의한 조립생산방식으로 대량생산
을 하여 효율성과 효과성의 가치를 높이고자 하였다. 공장경영, 기업경영
에서는 인간행동을 조직하는 기본 수단으로 일을 일상화시키고, 표준화시키
고, 집권화시켜야 했다. 특히 조립생산 체제에서는 고도로 조직화하고, 엄
격하게 통제하고, 일제식이고, 집단중심이고, 로테이션식이고, 하향식이고,
시간중심이고, 고정적일 수밖에 없었다.

산업사회의 학교도 이와 같은 공장모델을 따르고 있다는 것이다. 많은
학생들을 한 학교, 한 학급에 모아 놓고 교사들이 교과목으로 세분하여 조
립식으로 일제식, 통제식, 하향식으로 가르쳐 학생들을 표준화, 정화시키
려 하였다. 가르치는 내용도 관찰하고 측정하여 경험으로 검증된 것만 확
실한 지식이라고 하여 그것만을 가르쳤다. 객관성, 동조, 획일, 합리성,
이성, 논리, 가치중립, 정서배제, 비열정적 차디찬 사고만이 지식에 접근
하는 가장 올바르고 안전한 길이라고 믿었다. 질을 양으로 쪼개어 환산하
기 위하여 무게를 달고, 비중을 매기고 측정하여 객관적으로 평가하기 위
하여 계량적 분석을 해야만 했다. 그래서 왼쪽 머리를 잘 쓰는 아이만 박
수를 받고 나아가서 일류대학, 지도자로 올라가는 에스컬레이터를 타고,
그리고 또 이들이 지배하는 사회가 되었었는지 모른다.

산업사회의 사고에 의한 분업, 분석으로 지식을 파편조각으로 잘게 나누
어 가르쳐 놓고 학생들이 알아서 이들 지식의 조각을 조립식으로 주워 맞
춰 스스로 전인이 되기를 기대했으니 그게 가능하겠는가? 농경사회의 서당
식 교육이 차라리 전인교육에 유리했지 산업사회 공장모델의 학교에서는 근
본적으로 전인교육, 인성교육이 어렵게 되어 있었다. 물론 창의성 교육도
기를 펼 수가 없었다. 거기다가 '콩나물 교실'의 아이들을 극도의 경쟁으로
'입시지옥'으로 몰아넣었으니 인간성마저 메말라질 수밖에 없게 되어 있다.

이제 찬 왼쪽 머리도, 느낌이 있는 오른쪽 머리도, 뜨거운 가슴도, 날랜 손발도 각각 박수를 받을 수 있게 되어야 한다. 이것이 골고루 잘하는 '미스터평균'을 의미하는 것은 아니다. 어느 한쪽만 잘해도 된다는 뜻이다.

산업사회교육을 다 부정하고, 뒤집어엎고, 반대 방향으로만 가자는 것은 아니다. 산업사회 교육을 최소로 하는 대신 이를 기초로 하여 철저히 가르치고 차차 정보사회형 교육을 넓혀 나가야 한다는 생각이다.

산업사회 교육도 제대로 않고 그렇다고 정보사회 교육도 제대로 못하는 상태는 경계해야 한다. 전국의 모든 학교를 일시에 열린 교육하는 학교로 만들고자 한다면 그것이 가능하겠는가? 가능하다고 해도 그렇게 되면 그것은 또 하나의 획일교육이 된다. 정보사회는 새로운 가치가 핵심가치로 대두 된다.

① 인간에 대한 생각이 개인과 지구촌 양쪽으로 초점이 맞춰진다.
② 독특성과 독특한 가능성이 존중되고,
③ 학습에의 자유와 권리가 존중되고,
④ 삶의 질 확보와 풍요화가 귀중하게 되고,
⑤ 윤리, 도덕, 정신적 발달과 문화적 다양성이 중시되고,
⑥ 대인관계와 사회적 관계성도 계속 중시되고,
⑦ 위협적 힘(정치 군사), 교환적 힘(경제), 통합적 힘(사회) 중에서 통합적 힘이 더 중시되고,
⑧ 마지막으로 학습과 인간개발을 육성하는 일이 가장 중시 된다.

정보사회에서 중요시되는 덕목으로는 개별성과 독특성, 지구촌의식, 더불어 살아가기 위한 협동성, 동료의식, 팀정신, 통합성, 융통성과 신축성을 들 수 있다.

이러한 가치와 덕목을 생각하여 학습도 달라져야 한다.

① 고등정신기능의 (고등학습창의성을 포함하여) 내용으로 바뀌어 가야 하고,

② 고도기술능력을 개발하는 학습이 되어야 하고,
③ 변화를 관리하고 형성하는 학습을 해야 하고,
④ 협동학습 능력을 기르는 학습도 필요하고,
⑤ 체제적 사고와 협동능력을 기르기 위한 학습이 요구된다.

유치원, 초등, 중학, 고교, 대학의 엄격한 학교 구별, 학년, 학급구별이 줄어들고 빨리도 갈 수 있고 늦게도 갈 수 있으며, 다방면으로 갈 수 있는 학교의 모습을 그려본다. 개인이 존중되는 속에서 팀으로 학습하고, 팀으로 가르치고, 팀으로 행정도 하는 학교도 생각해 본다. 아이디어가 떠오르면 팀으로 문제도 해결하고, 팀으로 발명하는 것이 좋을 것이다. 그래서 아마 OM 대회도 팀을 단위로 하는 것으로 생각된다.

2) 가정과 학교에서의 창의성 개발

첫째, 창의성 교육도 가정과 학교가 잘 연계되어야 한다. 어려서부터 가정에서부터 창의성의 씨를 뿌리고 싹을 틔우고 키워야 한다.

에디슨과 아인슈타인도 학교보다는 가정, 부모의 격려와 창의적 분위기였기 때문에 클 수 있었다고 본다.

가정에서도 자유로운 태도와 분위기가 중요하다. 자유는 창의의 묘판이라고 할 수 있다. 신체적 자유, 정신적, 심리적 자유가 모두 포함된다. 연령에 따라 좀 넓은 범위 내에서 자유롭게 생각하고 행동할 수 있도록 하는 허용적 분위기를 만들어 줘야 한다. 무한한 상상력도 자유 속에서 나온다. 필요 이상의 간섭을 피하고 과잉보호를 거부해야 한다. 자유분방한 육아관, 교육관이 필요하다. 부모의 생각에 반대되는 의견을 내는 것도 자유스러워야 한다. 자율성과 자발성, 자립성, 독립성, 이에 따른 강한 책임성도 자유가 바탕이 되어야 한다. 자녀의 자유와 함께 부모의 자유와 열린 생각도 중요하다. 부모가 막히지 말아야 자녀도 열린 생각, 열린 행동을 할 수 있다. 부모의 강한 기대와 압력도 자녀를 구속하고 속박하게 된다. 부모가 욕심에 차 있으면 그것이 압력이 된다. 능력에 맞는 교육을 해야 한다. 자녀의 의지를 웬만해서는 꺾지 말아야 의지대로 살아가게 할 수 있다. 부모의 관대함도 자녀의 자유와 연결될 것이다. 부모의 관대와 관용의 힘을 믿고 자녀는 자유를 누릴 수 있다.

둘째, 긍정적인 자아개념(관)을 심어주는 것도 중요하다고 본다. 자신을 수용하고 인정하고 존중하고, 사랑할 수 있어야 한다. 자기부정 속에서는 창의성을 싹틔우기 어려울 것이다. 긍정적인 자아개념은 자신감으로 연결될 것이다. 발명도 자신감에 터한 도전과 인내력, 땀을 요구한다. 자신을 존중하고 사랑할 수 있는 사람이 타인도 존중하고 사랑할 수 있고, 연구와 탐구, 발명 자체도 사랑할 수 있을 것이다.

셋째, 자녀를 존중해야 한다. 자녀의 의견도, 존중하고 무엇보다 자녀를 인격체로 존중해야 한다. 동등한 위치에 있는 가족으로 대한다. 이래야 긍정적인 자아개념도 형성될 수 있다. 어릴 때부터 독특한 성격을 인정하고 키워주는 것도 창의성이 나올 수 있는 바탕을 다지는 것이다.

넷째, 약간 자극적인 분위기, 호기심을 불러일으키고 이를 키워줄 수 있는 분위기도 중요하다고 본다. 어떤 단서, 자극, 호기심은 창의성을 촉발하는 출발점이다. 누구나 어린이는 다 호기심을 갖고 있다. 어디에 호기심을 갖느냐, 이 자연스런 호기심을 꺾지 않고 얼마나 키워주느냐가 중요하다. 자녀가 하는 질문에 관심을 갖고 귀를 기울이고 이를 호기심으로 키워갈 수 있도록 자녀의 질문을 잘 처리할 수 있어야 한다.

다섯째, 미성숙, 어린이다움, 비논리성도 존중되어야 한다. 논리와 질서를 덜 중시한다. 논리적 질문, 따지기식 질문은 창의성을 움추러 들게 할 것이다. 모순적이지만 놀이적인 것도 필요하다. 강한 표현력은 장려되어야 할 것이다. 언어적 자극은 표현력과 연결될 것이다. 긍정적인 대화 나누기를 좋아할 필요가 있다.

우리의 문화, 가정적 분위기가 우리 자녀의 창의성을 살려주는 데 실패하게 만들었는지도 모른다. 창의성을 살려주는 가정교육, 가정 분위기, 부모의 역할에 대한 지식은 교사의 부모교육을 위해서도 필요하고, 또 이러한 분위기와 교육은 교사의 학교교육에서도 계속되어야 하기 때문에 필요하다.

이제 교사와 창의성 교육과 관련하여 몇 가지 같이 생각해 보고자 한다.

창의적인 학생은 흔히 교사에게 골칫덩어리로 보이기 쉽다. 한 교사가 학생들보고 사람의 머리를 그리라고 하고 바쁜 일을 처리하고 있었다. 한 아이가 와서 "머리의 내부를 그릴까요, 아니면 머리의 외부를 그릴까요?"한다. 이렇게 성가신 아이가 되기 쉽다. 게으름뱅이, 방해꾼, 주의집중 안 되는 산만한 아이, 협조적이지 못한 아이로 비치기 쉽다. 특히 과밀학급에서는 교사에게 골칫덩어리가 되지 않을 수 없다.

창의적인 학생은 인기 없는 경우가 많다. 지체아로 취급당하기 쉽다. 학생 자신이 시험문제를 보충하여 제출하거나 아예 시험문제를 변경하여 내고 변경된 내용의 답을 만들어 제출하기도 한다. 그러니 이런 학생들은 교사에게 그리고 다른 학생들에게 인기가 있을 리 없다.

때로는 창의적 태도가 이상행동으로 비춰지기도 한다. 미친놈 취급을 당할 수도 있다. 이런 경우 교사는 큰 죄를 짓게 되는 셈이다. 에디슨도 아인슈타인도 학교에서, 교사에게 이상아, 문제아 취급을 당했을 것이다. 퀴리 부인도 놀림감이었을지도 모른다.

어쨌든 창의적인 학생들이 교사에게 문젯거리가 된다. 먼저 사회적인 문제가 된다. 또래 학생들과 도저히 어울릴 수 없다. 규율을 위반할 위험성이 있다. 교사와 친구들은 순종과 동조, 협조적인 학생을 좋아하는 경향이 있다.

둘째, 수업상의 문제가 된다. 때로는 놀라운 질문을 하고 놀라운 대답을 한다. 교사는 이런 질문과 대답을 처리하지 못하고 당황하게 된다. 창의적인 학생의 추측에 대한 준비된 예상이 안 되어 있는 것이다. 교사가 논리적 규칙을 적용하려고 하면 창의적 추측과 상상력을 따라잡을 수 없게 된다. 이래서 창의적 학생을 다루는 것을 시간낭비로 생각하게 된다.

학생들의 창의력을 저해시키지 말고 촉진시키기 위해서 교사들은 어떻게 해야 할 것인가? 창의력을 촉진하는 교사는 다음과 같이 한다.

① 스스로 학습하는 힘을 길러준다. 교사가 가르치는 것이 아니라 학생이 배운다.

② 사회적 적응을 시도한다. 협동적 생활을 돕는다.

③ 기존 지식을 충분히 익힌 후 자유롭게 창의적 사고를 하게 동기유발을 한다(내적 동기－호기심, 상상력, 지적 활동성, 의적 동기－성적, 장학금).

④ 창의력을 촉진하는 특수한 활동기회를 제공한다.

⑤ 학생들이 생각을 완전하게 표현할 때까지 교사는 기다리고 자신의 의견을 제시되도록 시간을 늦춘다.

⑥ 지적 유연성을 가능하게 한다.

⑦ 자기평가를 권장한다(열려져 있는 목표, 자기평가의 과정은 ① show ② explain ③ self-evaluation ④ improvement ⑤ repeat를 권장한다).

⑧ 타인의 감정과 분위기를 잘 파악하도록 지도한다.

⑨ 학생들의 질문을 신중히 다룬다.

⑩ 많은 자료를 활용할 수 있도록 한다.

⑪ 실망을 이겨낼 수 있는 능력을 길러준다. 실패를 교육적으로 활용한다.

⑫ 부분보다 전체를 보는 능력을 키워준다.

이러한 창의력 촉진활동은 영재아를 만들기 위해서만 필요한 게 아니다. 다른 모든 학생들에게도 필요한 것이다. 과외는 특수한 학생에게만 필요한 것이 아니다. 창의력 촉진을 사회발전의 수단으로만 생각해서는 안 된다. 더 중요한 것은 자아발달과 인성발달을 위한 것이라는 것을 알아야 한다.

3) 창의, 발명교육을 위한 교사교육

창의적 아이디어를 발명화하는 일이 중요하다. 아이디어가 아이디어 수준에 멈춰 있으면 무의미하다. 발명화를 위해서는 우선 실험정신이 필요하다. 실패를 두려워해서는 안 된다. 시도를 해야 한다.

여기에 용기와 모험성이 필요하다. 지지와 격려를 먹어야 용기백배할 수 있다. 만지고 조작해야 한다. 거북은 목이 나와야 앞으로 나아갈 수 있다. 인내와 땀을 요구한다. 터무니없는 고집을 버리고 눈을 좀 옆으로 돌려볼 수 있는 융통성이 절대적이다.

마지막으로 창의, 발명교육을 위해서는 교사교육이 중요하다고 본다. 부모교육도 필요하다. 교사들은 배운 대로 가르치는 경향이 있다. 교대교육, 사대교육, 교원연수, 능력개발이 여기서 강조되지 않을 수 없다. 지식정보사회형 인간을 위해서 창의, 발명교육은 절대적으로 중요하다(발명교육연구회 강의 원고).

제II부
교직사회의 진통

7. 돌아서버린 선생님들

교육은 국가를 지키는 최후의 보루이다. 교육이 무너지면 그 민족, 그 국가는 더 이상 기댈 곳이 없다. 한 가닥 마지막 희망도 가질 수 없게 된다.

맨 앞에서 군인과 경찰이 총칼로 국가를 지키고, 그 뒤에서 기업가, 경제인, 금융인들이 돈을 가지고 지키지만 맨 마지막 요새는 교육자, 성직자, 정신적 지도자들이 교육과 정신으로 국가를 지키는 것이다.

독일의 피히테는 「독일 국민에게 고함」에서 독일이 망한 것은 국민교육을 잘못했기 때문이라고 했다.

한때 나라를 잃었던 유태인들은 나라 땅덩어리야 있거나 없거나, 나라 이름이야 있든지 없든지 유태정신 교육만 계속할 수 있다면 언젠가는 다시 나라를 세울 수 있다고 하여 2천년 만에 다시 이스라엘이라는 나라를 세워 지금은 큰소리치며 떳떳하게 살고 있다. 우리나라도 일본에게 나라를 빼앗겼을 때 우리 선조들은 어린이·청소년운동, 민족학교 설립 등 교육을 통해서 나라를 다시 찾으려 했던 것은 유태인들과 같은 생각에서이다. 갈라진 남북을 통일시키는 것도 총알이나 달러가 아니라 궁극적으로는 교육을 통해서 해야 할 것이다. 덴마크를 부흥시킨 것도 국민교육이요, 멕시코,

네덜란드가 IMF체제를 극복한 것도 근본적으로는 교육을 통해서라고 한다. 국가가 잘 되는 것도 근본적으로는 교육 때문이요, 국가를 망하게 하는 것도 궁극적으로는 교육의 잘못 때문이다. 선진국들이 200, 300년 걸려서 산업화시킨 것을 우리가 30년 만에 산업화에 성공할 수 있었던 것도 교육받은 인구가 많이 있었기 때문이므로 근본적으로는 교육 때문에 가능했던 것이다. 우리가 IMF체제를 맞게 된 것도 근본적으로는 도덕적 해이, 암기교육 때문이고, 지식정보사회와 지구촌국제사회에 알맞은 교육을 못했던 데 원인이 있었다고 한다면 이것 또한 밑바닥은 교육 때문이다. 기업인, 금융인, 경제관료, 정치인들이 경제운용을 잘못했기 때문이라고 한다. 하더라도 결국 이들을 잘못 길러낸 교육의 책임이라고 하지 않을 수 없다. 어느 나라나 국가의 위기를 교육을 통해서 근본적으로 극복하려는 처방을 내리는 것이 거의 상식이다.

그런데 지금 나라가 어려운 시기를 맞고 있다면 더욱 교육에 힘을 쓰고, 교육에 더 투자하고, 교육을 더 존중하며 국가의 어려움을 교육으로 극복하려고 해야 할 텐데 반대로 여기저기서 교육이 무너지고, 교육이 죽어간다는 소리가 들리고 있다. 교육이 살아나 국가의 위기를 교육으로 극복해야 할 텐데, 교육마저도 위기를 맞고 있으니 실로 걱정이 아닐 수 없다. 국가와 민족의 장래를 걱정하는 올바른 정신을 가진 학부모, 시민, 국민, 어른, 원로가 나서지 않으면 안 될 교육위기, 국가위기를 맞고 있다.

지금까지 교사들은 교육여건이 나쁜 가운데서 군사부(君師父) 일체, 권위주의를 가지고 과밀학급, 많은 학생들을 통제했었는지 모른다. 그런데 이제 교사의 전통적인 권위주의를 대체할 만한 전문적 권위를 확보하지 못한 채 교사는 지금 통제력을 잃고 있다. 얼마 전까지만 해도 모두가 외동딸, 외아들에다 부모의 기 안 죽이기 가정교육 때문에 교사가 학생을 통제하지 못하고 가르치기 어렵다고 한탄했었다. 아이들이 집에서만 왕 노릇하는 게 아니라 교실에서까지 왕 노릇하려 하니 교실이 옛날 교실이 아니라고 했었다.

거기다가 몇 년 전부터 열린 교육을 한다고 교실은 난장판이 되기 시작했다. 열린 교육이 무엇인지도 제대로 알지 못하는 상태에서 급조된 획일적인 열린 교육 강요로 교사들은 더욱 통제력을 잃고 교육은 중심을 잃고 놀아나게 되었다.

거기다가 말뿐인 수요자 중심 교육, 학습자 주도 학습, 변질된 학교운영위원회로 우리의 교육은 완전히 중심을 잃게 되었다. 도대체 누가 우리나라 교육을 공급해 주는 사람이고 누가 교육의 수요자인지 뒤죽박죽이 되었다. 교육정책가와 교육행정의 수요자·고객인 교사를 만족시켜 주지 못하면서 누구를 중심에 두고, 누구를 만족시키란 말인가? 교원은 교육정책, 교육행정의 수요자이고 고객이란 걸 교육행정 당국자들은 알아야 한다.

얼치기 수요자 중심 교육이란 말로 모두가 교육의 주인 노릇을 하려고 하다 보니 교육도, 학교도 주인을 잃게 되었다.

교육청과 학교에 교육은 없고, 돈 놓고 돈 따먹기 거짓말 평가만 보이게 한 것도 교육을 흔들어 놓은 원인이 되었다. 거짓말 자료준비, 거짓말 보고대회, 교육청·학교 길들이기로 우리나라 교육의 질이 얼마나 발전하고 향상되었는가? 학생들을 가르치는 대신 거짓말 평가자료를 복사해 놓는 것이 돈 따먹기에 다를 바 없다는 걸 교사라면 누구나 잘 알고 있다.

수업시간보다 방과 후 활동, 과외활동에 흥청망청 돈을 쓴 것은 또 무슨 정책인가? 모든 교육예산이 깎이고 중단되는데 방과 후 활동비는 처치 곤란한 정도로 쏟아져 나온다. 본말이 뒤집힌 교육이 되고 있다.

대한민국 교육은 촌지로 누더기가 되었다. 농촌도, 벽지도 모두 촌지교사 천지인 줄 아는 모양이다. 비밀경찰을 풀어서 촌지교사를 잡아갈 일이지 학생, 학부모 보고 자기들 스승을 고발하고 신고하라고 하는 나라가 이 지구상에 우리나라 말고 또 어디에 있단 말인가?

교사의 교권은 체벌교사 문제로 날개 없이 추락하게 되었다. 많은 학생을 가르치면서 꾸중도 못하고 언짢은 소리도 못하게 되었다. 숙제도 내주지 못하게 되었다. 꿀밤이란 걸 줘도 학생들이 왜 때리냐면서 고개를 추켜세우고, 눈을 째려 뜬다. 많은 학생들을 권의주의란 걸로 통제했었는데 이

제는 속수무책이다. 교육부재, 교육포기 상태이다. 이제는 체벌교사보다
교사가 학생, 학교, 경찰로부터 폭행·연행되는 문제가 더 두렵게 되었다.
교원을 노동자로 몰아 노조를 합법화하고, 정년을 단축하고, 비전문인인
학부모의 평가를 받게 하고 처참하게 무시당하면서까지 학생을 때리고, 혼
내고, 숙제를 내줄 정열이 아직 남아 있단 말인가? 도대체 왜 '남의 자식'
을 혼내면서까지 가르치려 하는가? 학생은 당신 제자가 아니라 남의 자식
이고 수요자라는 것을 모르는가? 하는 한숨소리가 높아지고 있다. 스승의
날과 스승이 사라진 지 오래고 노동자의 날, 노동자만 남게 되었다. 민심
이반, 교심이반이 일어나고 있다. 명퇴 신청자가 많은 것도 교심이반 현상
이다. 선생님들의 마음이 돌아선 지 오래다. 아이들에게 따뜻한 점심이나
잘 먹여서 사고 없이 집으로 들려 보내자는 것이다. 결국 선량한 학생, 순
진한 학부모와 국민에게 손해가 가게 되는데 이것이 안타깝고 불쌍하다. 이
모두 일부 똑똑한 학부모단체, 교사단체, 정치지도자, 교육행정지도자를 잘
못 만난 덕분이다.

  이반된 교심을 가지고 무엇을 어떻게 개혁하겠다는 것인가? 이런 판국에
누가 더 이상 장단을 맞춰 주고 누가 춤을 춰 줄 것인가?

  억지 춤도 한도가 있는 것이다. 무서워하는 체 하는 것도 한계가 있다.

  교육은 국가를 지키는 마지막 요새이다. 이 마지막 요새가 무너지면 나라의
앞날은 더 이상 없다. 교육이 무너지면 경제도 정치도 국방도 어렵다. 이미
무너진 요새를 회복하기에도 몇 십 년이 걸릴 지 노동자들이 이 요새를 노동
으로 어떻게 구축할 것인지 모를 일이다. 역사는 분명 이런 경고를 심판할 것
이다(새 교육, 1999. 2. 권두 칼럼).

8. 흔들리는 교원양성체제

짧은 시간 내에 선진국의 산업화를 따라잡기 위해서도 교육이 중요 했었지만 지식정보사회를 위해서는 교육이 더 중요시된다. 지식정보는 교육에서 만들어 내는 것이지 연기 나는 공장에서 만들어 낼 수 있는 것이 아니기 때문이다. 그래서 교육은 21세기, 새로운 밀레니엄시대에 국가정책의 최우선 순위를 차지한다.

교육의 질은 전적으로 교사의 손에 달려 있다. 교육의 질 향상에 용량 높은 컴퓨터나 최신식 멀티미디어 시설보다 더 중요한 요소는 바로 교사이다. 그래서 교육의 질을 높이려는 나라에서는 교사의 질과 전문성 향상, 교사 인력자원 개발에 투자를 늘리는 것이다.

그런데 우리나라 교원정책은 계속 뒷걸음질만 쳐왔다. 오히려 일제시대, 정부수립 후 초기에 교원 우대책을 써 우수인력이 교직으로 유인될 수 있었다. 심지어는 6·25 전쟁통에도 군면제를 해 주거나 단기복무를 시키면서 우수인력을 교직에 확보하려 했었다. 사범학교나 사대에 들어가기도 힘들었었다. 산업화로 경기가 한참 좋을 때는 교직의 우수인력들이 산업계로 빠져나가기도 했었다. 지금도 우리나라에서 우수인력은 교직을 외면하고 있다.

엎친 데 덮친 격으로 임용고시정책에 따라 시험 잘 보는 사람이 잘 가르치는 사람, 우수교사인 것처럼 착각하게 되었다 거기다 정년단축, 명예퇴직 부채질로 옛날의 실력자, 강력교사, 우수교사를 다 쫓아내고 이제 우수교사는 고사하고 무능교사라도 숫자조차 채우지 못하고 있다. 졸렬한 교원정책 탓이다. 임용고시 응시자가 구름떼처럼 몰려들어도 그중에 우수교사는 몇 명 추려내기도 어렵다는 것을 알아야 한다. 갈 데 없어서 교직으로 모여드는 사람들 속에서, 교사 자질이 없는 속에서 우수교사를 찾을 수 있겠는가, 모래밭에서 보석 찾기다.

졸렬한 교원정책은 여기서 멈추지 않는다. '우수한 인력이 교직에 유입될 수 있도록 현재와 같이 지나치게 폐쇄적인 교원자격증 취득제도를 전면 개편하는 방안을 검토'한다면서 일반대, 비사범계 졸업자로 하여금 교육대학원을 수료하게 하여 교사자격증을 주는 제도를 확대할 것으로 전망된다는 것이다. 교직에 뜻이 없어 일반대, 비사범계 대학에 갔던 사람이 교육대학원 나온다고 우수교사가 될 것이라 믿을 수 있나, 그렇게 사범대가 많고 교직과정이 많은데도 실력이 모자라 이 속에 끼지도 못했던 일반대, 비사범계 학생이 교육대학원에서 우수인력으로 갑자기 둔갑할 수 있겠는가? 취직 안 되고 갈 데 없어 교사자격증 따기 위해 마지못해 교육대학원에 온 사람을 대상으로는 강의할 의욕조차 사라지던 실제 경험을 나는 갖고 있다. 일반대 졸업 후에 취직 못해서 마지못해 교육대학원에 오는 패배자가 교직에서 성공한다는 보장은 없다. 교사는 실력도 중요하지만 교사가 되겠다는 동기와 사명감이 더 중요하다.

우수교원을 억지로 쫓아내고 나서 당장 급한 수급 불균형을 메우기 위해 임용고시를 더 치르고, 중등교사 자격증 소지자를 초등에서 소화시킨다면서 초·중등 각각의 전문성을 무시하고 또 교대 정원을 늘린다는 것이다. 왜 이렇게 뒤죽박죽, 허둥대는 교원정책을 써야 하는가, 일반대 출신에게 교사자격 취득을 개방하는 쪽으로 개방정책을 쓰려 하면서 사대졸업생을 줄여나간다는 것은 또 무슨 논리인가, 교육대학원을 연수기관이 아닌 양성기관화하기 위해서는 또다시 엄청난 투자를 해야 한다. 사대를 줄이고 교육대학원을 양성체제로 바꾸려면 교육대학원생이 사대출신보다 더 우수인력이라는 확증과 교육대학원 교육이 사대교육보다 우수한 보장이 있어야 한다.

한 나라의 교원정책이 방향감 없이 흔들리고 있다. 세상의 모든 교사를 촌지교사, 체벌교사로 죄인 취급해 놓고 또 전문직에서 존중되어야 할 경력

교사, 원로교사를 무능교사, 늙은 교사로 매도해 궁지로 몰아넣어 교원의 사기와 의욕, 사명감을 짓밟아 놓고 이제 '우수인력 교직 유입'한다니 그게 가능하겠는가, 또 하나의 저질화, 퇴보화 정책이 되지 않는다는 보장이 없다.

진정 우수인력 교직 유입을 원한다면 교원우대 정책을 먼저 쓰고 교원존중 풍토와 문화를 형성하기 위한 노력을 먼저 하라, 교원과 교직이 우대받고 존중받는 냄새만 풍겨도 우수인력은 저절로 꼬여들게 마련이다 교원을 우습게 보고 교원 기죽이기를 한 후에 우수인력 꼬이기를 한다면 이는 선후가 뒤바뀐 것이다. 교원자격제도 흔들기보다 먼저 교원사기 복원에 1세기는 투자해야 할 것이다 (한국교육신문 1999. 3. 15. 교육시론).

9. 교원 정년연령 단축정책의 실패와
교직사회의 회복

한 사람을 제대로 평가하려면 관 속에 들어가 무덤에 묻힌 다음이라야 하듯이 한 정책도 제대로 평가하려면 적어도 집행 후 몇 년이 지나야 한다. 교원 정년연령 단축정책도 시간적으로만 보면 평가받기에 너무나 이른 시간일지는 모른다. 그렇지만 이 정책은 제대로 시행하기 전부터 문제가 터지기 시작했고 또 몇 년이 지난 후라도 정책목표를 달성하여 성공하리란 보장이나 전망도 보이지 않는다. 그래서 교원 정년연령 단축정책은 실패한 정책이라고 할 수 있다. 최소한 현 시점에서는 확실히 실패한 정책이다. 정책목표가 무엇인지는 잘 모르지만 당장 아이들을 가르칠 절대 교사 수가 모자라기 때문이다. 한 나라의 정책이 실패할 수도 있다는 것을 인정한다 하더라도 이 교원 정년연령 단축정책의 실패로 치르게 되는 대가치고는 너무나 값비싸다.

그러면 왜 교원 정년연령 단축정책은 실패할 수밖에 없었는가?

1) 정책목표 부재

교원 정년연령 단축정책은 '정책목표'가 무엇인지 분명하지 못했기 때문에 실패할 수밖에 없었다. 이 정책으로 도달하게 될 "미래의 바람직한 상태", '미래상', '희망하는 결과'가 무엇인지 밝히지 못하거나 밝히지 않은 상태에서 저질러 놓고 보는 식이었기 때문에 이 정책은 실패를 전제로 한 정책이었다. 왜 교원의 정년을 단축해야 하는지 제대로 공식적으로 밝힌 공식적 정책목표와 정책 이유가 없었다. 청년연령 단축으로 쫓겨난 교원들이 지금도 쫓겨난 이유와 쫓아내는 국가의 목적이 무엇인지 모르고 있는 것이다. 억울하게 쫓겨나고, 재수 없이 쫓겨났다고 생각하는 것이다. ① IMF 관리체제라는 것을 핑계 댔다가 ② 고령교사 1명 쫓아내고 2.59명 젊은 교사를 채용하고 남은 예산을 교육시설에 투자하고 환경개선, 현장교육 확산에 사용한다고도 하고 ③ 고통분담 ④ 예산절감 ⑤ 교원인사적체 해소 ⑥ "학교현장의 변화를 통하여 새 시대를 맞는 질 높은 교육을 위한다"고도 했다. 또 ⑦ 수익자 요구를 들먹이기도 했다. 한나라의 중대한 정책의 목표와 이유, 논리로는 궁색하기 그지없다. 어느 누군가가 어떤 이유에서인가 교원의 정년연령을 단축하기로 결정(심)해 놓고 이유와 핑계를 끌어다 붙이기 식이란 것이 역력히 나타나고 있다. 사람 잘라내는 것이 한 나라의 교육정책이 될 수는 없다. 그리고 사람 잘라내고 잘 되는 사람과 집안, 정권은 못 보았다.

　정책목표와 관련하여 여기서 분명히 밝힐 것이 있다. 그것은 "새 정부가 출범하기 전인 1998년 1월 29일 교육부"에서 누가, 어떤 이유, 어떤 의도로, 무엇이라고 맨 처음에 대통령직(정권) 인수위원회에 교원 정년연령 단축(안)을 제시하고 보고하였느냐에서 문제의 근원을 찾아야 한다. 그때 누가 교육부에서 대통령직(정권) 인수위원회에 파견 나가서 일했느냐를 찾아서 정책 이유, 정책목표를 알아봐야 할 것이다. 그 다음에 기획예산위원회에서 또 누가 교육부 관련 일을 했는가를 찾아서 정책안의 근원을 찾고 또 그에게 책임을 물어야 할 것이다 왜 2배의 교사를 지금 채용하지 않고, 시설투자, 환경개선, 현장교육 확산을 않는지(못하는지) 그 책임을 물어야 할 것이다. 교육부 장관이 먼저 교원 정년연령 단축을 지시했는지, 아니면 교육부 관리가 교육부 장관에게 먼저 교원 정년연령 단축안을 건의했는지 밝혀보면 교원 정년연령 단축의 정책목표, 정책 이유를 찾는 데 도움이 될 것이다. 이 책에서 밝히지 못했으면 다음에 누군가는 최초의 발설자를 찾는 노력을 해야 할 것이다.

2) 정책전략 무지

정책목표가 무엇이 되었든지, 졸렬한 정책목표라고 할지라도 이를 '설득하려는 노력'조차도 안 했었기 때문에 교원 정년연령 단축정책은 실패할 수밖에 없었다. 정책목표를 설득하고, 합의를 끌어내는 노력이 없으면 그 정책은 성공하기 어렵다.

교원 정년연령 단축정책은 IMF체제의 특수한 상황에서 개혁을 하고 설득을 하기에 아주 유리한 조건이어서 웬만하면 성공할 수 있었던 것을 주먹구구식으로 하다가 실패하게 되었다. 정책목표 설정에서 실패했을 뿐만 아니라 '정책전략'과 방법에도 교원 정년연령 단축정책은 실패하기 위해서 한 것같이 보인다.

우선 아무 연구도 없이, 근거도 없이 정책결정부터 해 놓고 보는 식이었다. 단순 돈 계산도 못했고, 교사 숫자 계산도 못했다. 이런 정도이니 교직의 특성, 교원의 심리상태, 럭비공이 어디로 튈 것인지를 알 리가 없다. 정치인, 일반직이 이 정책을 주도하다 보니 교원의 속성을 알 리도 없고, 교원의 심정을 헤아리려고 염두에 두지도 않았을 것이다. 오로지 교원을 무시할 생각만을 했을 것이다 정년연령을 60세, 61세, 62세, 63세, (65세 안이 아무 근거도 없이) 정당마다, 국회의원마다 중구난방으로 제각각의 주장을 했었다. 남(스승교원)의 목숨을 놓고 아무 근거도, 논리도 없이 왈가왈부 칼날을 들이대겠다니 스승의 목숨이 국민의 정부에서처럼 비참해진 적이 없다. 교사 숫자 계산, 돈 계산만 못한 것이 아니라 표(투표, 민심) 계산도 못하는 사람들이 한 국가의 정책을 주무른 것이다. 정책 찬성파 참교육학부모회원이 몇 명이나 된다고 표를 얻는 데 도움이 될 것인가? 지지한다고 했던 언론은 오늘날 왜 자주 '교실붕괴'를 특집으로─다루는가? 당시 교원 정년연령 단축정책을 지지한다고 했던 사람들은 오늘날 다 어디 갔는가? 얻는 표보다는 잃는 표가 더 많을 것이다. '교실붕괴의 원인'을 다수의 침묵하던 학부모와 국민들이 알게 되면 잃는 표는 걷잡을 수 없이 늘어날 것이다. 교심이반자의 표의향방을 둔한 사람들이 계산할 수 있었을 것인가? 교원을 꼭 쫓아내고 싶으면 단계적으로만 했더라도 설득력이 있고 또 이 정책은 성공할 수 있었을 것이다. 또 명퇴 분위기만 조성해 나갔어도 충분히 목적을 달성할 수도 있었을 것이다 교육을 혁명적으로 개혁하려다 풍지박살하고 만 것이다.

교원 정년연령 단축정책은 근본적으로 정책목표, 정책전략에서부터 실패하게 되어 있었던 셈이다. 그러면 이 정책의 결과로 나타난 문제점은 무엇인가?

3) 문제점

교원 정년연령 단축정책으로 나타난 '문제점'의 지엽적인 현상만 보지 말고 근본과 본질을 보아야 한다. 단순히 교사 숫자 모자라는 것만 보고 이러쿵저러쿵하는 수준에 머물러서는 안 된다.

첫째, 재정문제, 갈등문제, 교사 수급문제보다 문제의 심각성은 40만 교원이 어느 날 갑자기 군·사·부 일체에서 노동자 신세로 전락했다는 사실에 있다. 교원을 노동자로 봤기 때문에 국민의 정부는 노동조합을 만들게 하고 교원을 노동자 연령인 60세로 자르려고 하다가 섭섭하고 불행하게도 (정책입안자 입장에서는) 62세로 내려진 것이다. 대한민국 교원은 더 이상 국민의 스승이 아니라 노동자인 것이다. 벌써 스승의 날이란 걸 없애고 노동절을 기념하자는 것이다. 국가가 먼저 돈을 따지니 선비에서 노동자로 떨어진 교원도 이제 노임과 퇴직금을 놓고 계산기를 두드리며 퇴직 날을 따지게 된 것이다. 임용고시 합격자 교사임용후보자 오리엔테이션 연수장에서 연수생들이 노임 받아 곗돈 불 계산을 하고 있다는 것이다. 자존심 잃

고 의욕도 없은 교원들이 지금 교실붕괴로 연결되고 있는 데도 교육관리들
은 모자라는 교사 숫자 긁어 모이기에 급급하다. 국내에서 긁어모으다 안
되면 이제는 2배의 교사를 외국에서 수입해 와야 할 판이다.

둘째, 교사 숫자 모자라는 것보다 더 큰 문제는 앞으로 누가 교사가 되고
자 교대나 사대에 을 것이냐에 있다. 똑같은 노동자라면 누가 멸시받는 교
원으로 들어올 것인가? 60세 보다 2년 더 해먹자고 교직에 들어 올 사람은
없을 것이다. 촌지교사, 체벌교사로 언제 112로 잡혀갈지 모르는 위험부담을
안고 유능한 사람이 교직에 들어올리는 없다. 앞으로 우리나라의 경기라도
풀리는 날이면 유능한 사람을 교직에 끌어들이기는 극히 어렵게 될 것이다.

셋째, 가장 심각한 문제점은 신뢰 파괴에 있다.

국가가 정한 교원 65세 신분보장의 신뢰를 국가가 앞장서서 깨버려 이제
교원도 이어서 신뢰를 깨고 정부가 무슨 짓을 해도 믿고 정을 주려하지 않
는다는 점이다. 교원들 보고 국가에 충성하라고 할 명분을 잃어버린 데 문
제가 심각하다.

지식정보사회에서 교육과 교원이 중요시되는 때인데, 있는 교원도 흔들
리고, 유능한 사람이 교직에 들어올 리도 없어 우리나라의 장래가 심히 우
려된다. 아이들에 이어 교원이 흔들리고, 곧이어 선국민이 흔들릴 것이 우
려된다. 그래서 교원 정년연령 단축정책의 결과로 나타난 문제는 당장의
문제보다는 이 정책이 계속될 경우 먼 장래가 더 문제시된다.

그러면 앞으로 교직사회를 어떻게 할 것인가? 어떻게 교직사회의 문제를
해결할 것인가?

4) 교직사회 회복

흔들린 교직사회, 돌아선 교직사회를 뜨뜻미지근한 ① 재검토 ② 사기
진작책 마련 ③ 수급대책 재검토 ④ 연금보장책 마련 ⑤ 단위학교 자율성

확대를 한다고 교사를 그 옛날의 '헌신'으로 되돌리고 안정을 찾을 수 있을 것인가? 지금 이 정부에 대하여 교직사회 '활성화'란 말을 쓰기에는 너무나 어울리지 않는다. 있던 것도 까먹고 파탄으로 이끄는 사람들에게 교직사회를 활성화시켜 달라고 해서 될 것인가? 뜨뜻미지근한 이런 다섯 가지 방안은 모두 정년연령단축 62세를 기정사실화하고 나서의 안정책인 것같이 보인다. 지금이 단계에서 재검토나 하고 있어서야 되겠는가? 잘못은 시정해야 안정이 된다. 원상보다 더 강력한 유인가로 처방해야 먹혀들기 시작할 것이다.

돌아선 교직사회를 진정시키는 가장 원초적 출발점의 첫 단계는 '정책실패'를 먼저 겸손하게 머리 숙여 시인, 사과하고 교원과 국민의 협조를 구하는 일이라고 본다. 장관의 퇴진운동으로 일단 장관을 물러나게 했다면 이미 정책실패를 간접적으로 인정한 셈이다. 그렇다면 누군가 책임 있는 사람이 공식적으로 잘못을 인정하는 발표를 했어야 한다. 장관을 바꿀 때도 잘못했다는 말도 없었고, 잘못했기 때문에 바꾼다는 언급도 없었다. 공식적인 실패 시인 없이 자꾸 얼버무리려 하고, 호도하려 하기 때문에 교직사회가 진정되지 못하고 있는 것이다. 중등교사 자격자를 초등에 투입하면서도 잘 한다고 하고, 기간제 교사로 임시처방을 하면서도 잘 한다는 소리만 듣고 싶어 하고 비판하는 사람을 미워하려고만 한다. 퇴직한 사람을 다시 불러 들여 돈을 이중 삼중으로 허비하고, 교직을 떠났던 40~45세를 대학을 갓 졸업한 신규임용자와 함께 뽑아 들이면서도, 또 학교 강제통폐합으로 교사를 돌려쓰려고 하면서도, 절대 교사 수를 확보하지 못하면서도 교사 수급에 문제없다는 변명으로 눈가림하려 하니 교직사회의 협조를 얻지 못하고, 교직사회는 안정을 찾지 못하게 되는 것이다. 정책실패로 교사가 모자라게 되고 돈도 더 들게 되었는데 이 시점에서 어떻게 하느냐, 어떻게든 아이들을 가르쳐야 할 것이 아닌가, 그러니 중등교사, 기간제 교사, 초빙교원을 투입할 수밖에 없으니 양해해 달라, 협조해 달라고 해야 문제가 풀리게 된다.

둘째, 잘못된 정책이라면 잘못을 바로잡는 수순을 밟아야 한다. 이것도 갑자기 원상으로 돌아가면 또다시 혼란을 일으킬 수 있으므로 점진적으로 되돌려야 할 것이다. 퇴직했던 교원에게 손해가 가지 않게 신뢰를 보호해야 한다. 교원 정년연령은 언젠가는 어느 정권에 의해서인가는 원상으로 되돌아갈 일이다. 교원의 정년연령이 낮춰질 하등의 이유가 발생하지 않았기 때문이다. 오히려 교원의 정년연령은 세계적으로 늘어나는 경향이다. 그렇다면 저지른 정권에서 처리해 주는 일까지 하는 것이 옳은 일이다.

셋째, 교원의 명예를 회복해 주고 획기적 우대책으로 사기를 진작시키지 못하면 돌아선 교심(敎心)을 되돌리기 어렵게 된다. 금강산 관광이나 시키고 무슨 연수나 하게 하는 얄팍한 잔재주로는 교사들을 되돌리기 어렵다. 돈보다도 먼저 정신적·심리적 명예회복을 시켜주고 이어서 보수, 후생, 복지의 금전적인 측면에서도 획기적인, 원상보다 더 강력한 우대책으로 처방하지 못하면 교직사회는 안정되기 어렵고, 또 지식정보사회에서 승자가 되는 국가가 되기는 힘들다.

교원연령 단축정책은 실패한 것으로 보고 그 실패하게 된 이유로

첫째, 정책목표의 부재를 들고 정책 의도가 무엇인지 알기 위해서 지금이라도 최초의 기안자를 찾아낼 필요가 있다고 하였다.

둘째, 실패 이유로 정책전략의 무지를 들었는데 특히 정책연구 부재와 정책자료의 부재를 지적하였다.

이 정책으로 인한 문제점으로는 근본적이고 장기적 전망에서 첫째, 교원의 노동자로의 전락 둘째, 장래 유능교사 확보의 절망성을 들었다. 가장 근본적으로는 셋째, 우리 사회에 정부와 국민 간에 신뢰가 깨졌다는 데 있다고 했다.

교직사회의 안정을 위해서는 첫째, 정책실패에 대한 공식적인 인정과 사과, 그리고 협조 구하기로부터 출발하여 둘째, 단계적 원상회복과 셋째, 교원에 대한 정신적 명예회복과 원상보다 더 강력한우대책의 처방을 제안하였다.

이를 요약하면 〈표 1〉과 같다.

〈표 1〉 교원 정년연령 단축정책의 실패와 교직사회 회복책

1. 정책실패의 근본적인원인

        (1) 정책목표 부재(최초 기안자 추적)

        (2) 정책전략 무지
           (정책 목표 설득, 합의과정 생략)
           (연구부재, 자료부재)

2. 정책결과의 주요 문제점

        (1) 겨레 스승→노동자

        (2) 장래 유능교사 확보의 절망성

        (3) 정부와 국민, 공무원간신뢰 파괴
           (충성 명분실종)

3. 교직사회 회복

        (1) 정책실패 공식 인정·사과·협조 요구

        (2) 정년연령 단계적 원상 회복

        (3) 교원의 명예회복－강력한 우대책

    지식정보사회에서 IMF 관리체제에 의하여 경제가 흔들리는 것보다 교원 정년연령 단축에 따라 교직사회가 흔들리는 것이 우리나라 국가와 민족의 앞날을 생각할 때 더 큰 문제라는 것을 알아야 한다.

    여기에 자료를 위해서 1998년 12월 21일 교육현안문제에 관한 한국교육 행정학회의 결의문을 첨부한다(당시 필자는 막 회장직을 맡았었다.) (제4회 관악정책포럼, 1999. 11. 22. 서울대교육연구소, 토론원고의 일부).

〈교육행정학회 총회 결의문〉
교육현안에 대한 우리의 입장

정부가 추진하고 있는 교원정년 단축, 교원노조 합법화, 교육자치제의 폐지, 교육세 폐지 등 일련의 교육정책안으로 교직사회는 커다란 혼란 속에 흔들거리고 있다. 이 와중에서 일부 언론, 학부모 경찰, 학생은 교사를 범죄집단으로 보기 시작하여 교권은 땅에 떨어지고 학교교육은 교육부재, 교육 포기 상태에 이르렀다. 이러한 교육현실을 개탄하며 우리 한국 교육행정 학회는 총회의 결의로 다음과 같이 우리의 입장을 밝힌다.

1. 교원의 정년 단축안은 철회되어야 한다.
   - 교직은 전문직이므로 경험과 경륜은 귀중한 교육자원으로서 존중되어야 한다.
   - 정년 단축보다는 교원의 연령에 따른 전문적 역할분담과 전문성 신장을 위한 보강정책이 강구되어야 한다.
   - 연령으로 교직사회를 쇄신하기보다는 교수수행 능력과 성실도에 의하여 교육계의 쇄신과 발전을 도모하여야 한다.

2. 대부분의 교원들이 원하지도 않는 교원 노동조합의 합법화는 재고되어야 한다.
   - 교육직은 노동직이 아니므로 노동관계법령의 적용을 받을 수 없으며, 또한 같은 교원에게 서로 다른 두 종류의 법에 적용하여 교직

사회의 분열과 혼란을 초래하여서는 안 된다.
- 일부 교원들이 한국교총을 원치 않는다면 교육관계법령에 의한 복수교원단체 허용을 권고한다.

3. 지방교육 자치를 폐지하려는 단견을 재고하기 바란다.
   - 헌법에서 보장한 교육의 자주성, 전문성, 정치적 중립성과 지방교육의 특수성을 훼손하는 어떠한 조치도 용납할 수 없다.
   - 지방교육 자치는 민주주의 교육의 교본이며, 교육의 정치적 도구화를 방지하는 기본적인 관건 장치이다.
   - 지방교육자치제의 문제를 교육원칙을 존중하는 방향에서 보완하기 바란다.

4. 교육세의 폐지는 곧 교육재정의 영세화, 빈곤화를 의미한다.
   - 교육재정의 후진성, 콩나물 교실을 겨우 면하려는 시점에서 교육세를 폐지하면서 새 학교교육문화의 창조를 할 수 없다.
   - 정부는 GNP 대비 6%를 확보하겠다는 대통령 선거공약을 지켜 지식정보화사회에 대비하기를 권고한다.

5. 교원의 사기와 교권의 추락으로 교육부재, 교육 포기를 자초한 교육 현실을 개탄한다.
   - 이 상태로는 교육개혁은 물론 국가와 민족의 미래가 암담하다.
   - 교원의 사기진작, 교권신장, 우수교원 확보, 교원의 전문성 향상을 위한 교육정책 실현을 촉구한다.

1998년 12월 21일

한국교육행정학회 총회

10. 교원 정년연령 단축정책인 실패를
시인하고 환원하라

새 천년 지식정보사회의 승부는 교육에 의하여 판가름 난다. 그래서 선
진국들은 지금 교육의 질 향상에 국력을 총집중하며 '교육, 교육, 교육'을
외치고 있다. 그런데 우리나라의 현실은 고지 앞에서 총을 놓고 분열·투
항하는 형국이 됐다. 교실붕괴가 바로 그것이다. 지식정보사회에서 교실붕
괴와 왕따문제는 우리 국가와 민족을 절망의 낭떠러지로 몰아넣고 있는 것
이다. 교육으로, 늦게나마 산업사회를 일으켜 세운 우리나라가 교육에 의
하여 운명이 결판나는 지식정보사회 앞에서 교육이 무너지는 것은 IMF 관
리체제로 경제가 무너지는 것보다 더 위기이다. 교육논리로 경세를 풀어가
야 할 것을 거꾸로 경제논리, 정치논리로 교육을 파괴하고 있다. 그것도
지식정보사회 고지·적전에서 말이다.

교실붕괴·교육파괴의 가장 큰 원인은 교육 무시, 교원 무시에서 나온
다. 교원 정년연령 단축도 교실붕괴의 한 원인이 된다. 무시 받는 교원들
이 지식정보사회 고지 앞에서, 적전에서 맥이 풀린 것이다. 교육계의 이판
사판, 난장판, 개판이란 말이 난무한 지 이미 오래 되었는데 위정자들은
눈앞에 어른거리는 달러(s)에만 매달리고, 관리들은 자기들 세 불리기와
교원 죽이기에만 매달리고 있으니 도대체 우리 민족은 어디에 희망을 걸어
야 할 것인가?

명예퇴직이란 이름으로 교직에서 쫓겨난 사람이나 아직 목숨을 부지하고
남아 있는 사람이나 모두 아직도 왜 교원의 정년연령이 단축되고 쫓겨났는

지 그 정책 이유와 목적을 알지 못하고 있는 것이다. 쫓겨난 교원들은 평생 국가에 충성한 죄밖에 없다는 것이다. 왜 교원의 정년연령을 단축하였는가? 이것으로 목적 달성한 것이 도대체 무엇인가? 고령교사 1명 쫓아내고 2.59명의 젊은 교사를 채용하고 실업자를 구제했는가? 그리고 남는 돈으로 교육에 시설 투자하여 환경개선했는가? 돈 들여 멀쩡한 교원 쫓아냈다가 다시 초빙교원, 기간제 교원으로 돈 주며 불러들여 월급 주는 것이 정부가 돈 버는 일인가? 이들이 그 전보다 더 열심히 애들을 가르칠 것인가? 이렇게 교실을 붕괴시키는 것이 수요자 학생, 학부모, 국민을 행복하게 하는 것인가? 새로 교직에 들어오고, 새로, 교장, 교감으로 승진한 사람들이 쫓겨난 사람들 보다 우수하다는 보장이 있는가? 절대 교사 숫자도 확보하지 못하게 하는 것이 교원 정년연령 단축정책의 정책목표였는가?

도대체 교원 정년연령 단축정책으로 얻은 것이 무엇인가? 당장 얻는 것이 없더라도 잠시의 정책혼란이 가시고 먼 훗날이라도 이익이 된다면 이 정년연령 단축정책은 장래를 위해서 밀고 나가야 한다. 그런데 문제는 교직사회의 장래가 암담하다는 데 더 심각성이 있다. 앞으로 우수하고 유능한 젊은이가 교사가 되고자 교대나 사대를 지원할 이유가 없다는 데 교직사회의 장래가 더 어두운 문제인 것이다. 앞으로 경제에 경기라도 풀리는 날이라면 교직사회는 그야말로 무능교사로 채워질 것이다.

교원 정년연령 단축정책은 실패한 정책이다. 잘한 일이라면 이를 추진한 교육부 장관을 갈아치울 리가 없다. 그리고 현실적으로 봐도 그렇고 먼 장래를 봐도 잘못으로 나타나고 또 잘못이 뻔히 예상된다. 그렇다면 첫째, 이 정책에 책임 있는 사람이 먼저 정책실패를 공식적으로 시인·사과하고 정책수습을 위한 협조를 요청하는 일이 선행돼야 교직사회를 안정시킬 수 있는 실마리를 잡게 된다. 잘못된 것을 자꾸 얼버무리려 하고 뒷수습·땜질정책을 하려고 하다 보면 더욱 악수를 두고 구렁텅이로 빠지게 된다. 정책실패를 인정할 것은 인정하고 학생교육을 위해서 중등 기간제 교사, 초빙교원이라도 초등에 투입해야겠다고 설득해야 초등계, 국민으로부터 협조를 얻게 되는 것이다. 그렇더라

도 임시교사 기간제·초빙교사로는 질 높은 교육을 하기 어려우니 모든 교원
은 신분보장을 해 줘야 한다.

교육정책은 실패해서는 안 되지만 인간이 하는 일이다 보니 실패할 수도
있다는 점도 교원들은 인정해 줘야 한다. 정책실패를 확인했다면 즉시 이
를 시정하는 정책을 수립해야 한다. 이것이 신임 교육부 장관이 해야 할
일이다. 신임 교육부 장관이 이 일을 안 한다면 대통령이 교육부 장관을
바꿀 이유가 없다. 얼버무리게 하려면 정책결정자 전임 장관에게 맡겨 두
는 것이 훨씬 나을 수도 있다.

잘못된 것은 바로잡아야 한다. 그러려면 둘째, 교원 정년연령은 65세로
환원되거나 아예 정년연령 자체를 없애야 한다. 개인에 따라 65세 이전에
라도 퇴직하고, 그 이후에도 퇴직하게 하는 방안도 연구할 필요가 있다 일
시에 또 획일적으로 청년연령을 환원하면 또다시 정책 혼란이 오고 조령모
개 소리를 듣게 될 것이므로 정책 환원도 단계적, 점진적으로 해야 한다
어떤 이유에서든 자기 발로 교직을 떠났던 사람들에게서 순수한 제자사랑,
교직사랑, 옛날의 헌신과 충성을 불러일으키기는 어렵다는 것을 알아야 한
다. 어쨌든 일시적인 정년연령 단축정책으로 손해 보는 사람을 적게 하는
수준에서 교원 정년연령은 환원되어야 한다. 교원 정년연령은 교직이 전문
직이라는 특성으로 보나, 세계적인 경향으로 보나, 앞으로 우수교원 유
인·확보 정책의 필요성으로 보나 반드시 65세 이상으로 환원될 것으로 본
다. 누구에 의해서건 어떤 정권에서건 언젠가는 반드시 환원될 일이다. 그
렇다면 잘못이 발견되고, 인정 된 즉시 환원 조치하는 것이 좋다. 그리고
환원하는 정책을 다음 정권에게 넘겨주기보다는 저지른 정권에서 매듭을 짓
는 것이 여러 가지로 유리하다.

교원의 정년연령을 65세로 환원한다고 해도 갑자기 교원의 사기를 충천
하게 만들기는 어렵게 되었고, 옛날 순수했던 시절의 헌신을 끌어내기는
더욱 어렵게 되어 있다. 그래서 셋째, 획기적인 아주 강력한 교원 우대정
책을 강구하지 않으면 안 된다. 토라진 교원의 마음을 되돌리고, 돌아선

교심을 되돌려 지식정보사회를 승리로 이끌 단초를 마련하기 위해서는 우선 교원의 명예를 회복해 주고 나서 교원 우대정책을 내놔야 한다. 단순히 과거로의 환원만으로는 이제 약효를 발휘하기 어렵게 되어 있다. 교원은 존경과 자존심을 먹고 산다. 촌지교사, 체벌교사, 112신고로 실추된 교원의 정신적 명예를 명백하게 회복시켜 주고 동시에 경제적·신분적으로 강력한 우대책을 내놔야 한다. 이것은 아마도 교육부 장관 수준에서도 어려울 것이다. 지금은 정당·정권 수준도 믿지 못하는 세상이다. 그 동안 자칭 '교육대통령'이라고 했던 사람들이 모두 실망시켜 왔기 때문이다. 이제는 말이 필요 없고, 사전 정책발표가 필요 없다. 가시적으로 자신의 몸에 와 닿아야 비로소 교원들은 믿게 된다. 교원을, 자신을 우대한다는 것이 몸에 와 닿아야 비로소 약효를 느끼게 된다. 약봉지에 씌어진 선전용 약효를 교원들은 더 이상 믿지 않는다. 더 늦기 전에 실질적 교원 우대책을 실천으로 보여 줘야 한다. 교원의 자존심을 송두리째 짓밟아 놓고 나서 뭐 금강산 관광이다, 연수 휴식년제다 하는 얄팍한 잔꾀로는 토라진 교원을 지식정보 사회 역군으로 되돌리기는 어렵다는 것을 알아야 한다.

지금 우리 사회에 가장 큰 문제는 '신뢰'가 통째로 깨져버렸다는데 있다. 넷째, 정부는 앞으로 신뢰를 받을 수 있는 정책을 펴기 바란다. 헌법과 교육공무원법으로 신분 보장해 준다고 했던 것까지 정부가 먼저 앞장서서 신뢰를 깨버렸으니 교원들보고 신뢰할 수 있게 행동해 달라고 요구할 수 없게 되었다. 젊은 교사들보고도 충성해달라고 할 명분도 잃어버렸다. 우직하고 무능하다고 하리만치 미련스럽게 충성하던 선배 교사들이 하루아침에 쫓겨나는 것을 멀뚱히 바라보면서 몸으로 체험, 확인했기 때문이다. 신뢰는 잃기는 쉬워도 이것을 얻고 쌓기는 힘들다. 지금이라도 정부가 앞장서서 착실하게 신뢰 쌓기부터 해야 할 것이다.

우수교사가 필요하면 교직사회에 우수교사가 모일 수 있는 교육정책을 써야지 무능교사 쫓아내는 정책을 써서야 국민의 신뢰를 받을 수 있겠는가? 교사를 우수하게 만드는 정책을 쓰다가 못 따라오는 무능교사를 골라내기만 해도 충분히 목적을 달성할 수 있는 것이다. 무능교사, 부정교사가 있다면 엄격하게 다스려야 한다. 이것까지 잘못된 정책이라고 비난할 사람은 아무도 없다. 촌지교사, 체벌교사, 컴퓨터 못 다루는 교사, 영어 회화를 못해서 꼭 쫓아내야 한다면 일단 가능한 기회를 주어 시정하고 나서 그래도 안 되면 그때 쫓아낸다고 해도 이를 비난할 사람은 아무도 없다. 정권이 좀 힘을 가졌다고 구더기 몇 마리 때문에 장독을 통째로 깨고, 벼룩 몇 마리 잡자고 초가집을 통째로 불태우는 정책을 써서야 신뢰를 받을 수 있겠는가? 학생들이 감옥에 가게 되면 감옥에 가서도 공부는 해야겠지만 감옥에 가기 전에 먼저 가정에서, 학교에서 공부하게 해야 할 것이 아닌가? 교실을 통째로 붕괴시키고 애들을 모두 유흥가로, 감옥으로 보낼 것인가? (어느 장관은 학교에서는 배운 게 없고 감옥에서 배웠다고 했단다.)

세상은 자꾸 거꾸로 가고 있다. 정부가 국민을 걱정해 주는 것이 아니라 국민이 정부를 걱정하고 있다. 백성이 지도자들을 위태롭게 보고 있으며, 아이들이 어른들을 걱정하고, 학생들보고 흔들린다고 하더니 이제는 학생들이 보기에는 지식정보사회 앞에서 교직이 흔들리고 온 나라가 흔들린다고 걱정하게 되었다. 제발 위에서부터 신뢰로운 정책을 펴기 바란다.

교원 정년연령 단축정책은 실패하고 있으므로 책임 있는 사람이 일단 이를 시인·사과하고, 수습에 협조를 요청하고 나서 단계적으로 환원하는 수순을 밟으면서 교원의 명예를 회복해 주고, 획기적교원 우대책을 믿을 수 있게 펼치기를 요구하고 이를 기대한다(교육평론, 1990. 12. 권두 칼럼).

11. 교원 정년단축과 학교교육

1) 교원의 사기 추락과 교육공황

한국사회는 전통적으로 스승을 존경·존중해 왔다는 것을 그 누구도 부인할 수 없다. 교육열이 높은 나라로서 자녀교육, 국민교육을 잘 하려면 먼저 스승을 존경해야 했기 때문에 스승이 극상의 존경을 받는 것은 너무나 당연한 논리의 귀결이기도 하다. 그렇게 스승을 존경하고 정신적으로라도 존중했었기에 우수한 많은 사람들이 교사가 되고자 했고 또 그들이 열심히 제자를 가르쳐 왔기에 오늘날 우리나라가 이런 정도로 발전할 수 있었던 것이다 우리가 스승을 존경하지도 않고 또 교육에 힘쓰지도 않았더라면 우리가 무슨 힘으로 이 나라를 이런 정도로 발전시킬 수 있었겠는가?

스승 존중의 표시로 국민과 정부는 지금까지 다른 직종에 비하여 교원의 보수를 조금이라도 더 늘려주려고 애썼고, 정년연령도 높여 65세의 전통을 지켜왔다. 그리고 전쟁통에도 선생님에게는 군을 면제해 주거나 단기복무를 시켰다. 전쟁통에도 안정적 교육을 지속해야만 국가와 민족의 앞날에 희망이 있을 수 있다고 믿었기 때문이었을 것이다.

교원들은 이런 정책에 만족하지는 못했지만 그나마 이런 유인가라는 명목이라도 있었기에 그런 대로 위안을 삼으며 "선생의 똥은 개도 안 먹는다"고 할 만큼 어려운 일을 묵묵히 해 올 수 있었던 것이다. 그러다가 우리 사회가 산업화에 의하여 물질사회로 접어들면서 우리는 물질을 얻는 대신 정신과 근본을 잃게 되었다. 교원의 지위는 상대적으로 떨어지기 시작하고 그나마 유인가라고 믿고 있던 것이 모두 떨어져 나가고 유일하게 남아 있는 것이 "교원 정년 65세"라는 것뿐이었다.

이것마저 교육대통령을 표방하고 나온 국민의 정부에 의하여 1999년 1월 6일 62세로 갑자기 단축되어 지금 교원의 사기는 밑바닥을 기고, 초등의 경우 절대 교사 수조차 메우지 못해 교육공황을 일으키고 있으며(교육부는 기간제, 교과전담, 추가채용으로 수급에 문제가 없다고 하나 이게 모두 편법이다), 교육지도력의 공백으로 교육현장을 난장판 이미 이판사판, 8판이 공식화되었다) 으로 만들어 놓았다. 너무나 엉망진창이기 때문에 중앙일간지들이 교실이 무너지고 있다면서 이것을 크게 다루고 있다. 이것이 교원 정년 단축정책이 노리던 목적한 바인지 아니면 정책의 부작용인지 검증해 봐야 할 것이다. 그리고 이런 현실들이 일시적인 우연한 현상일 것인지 아니면 항구적일 것인 시에 대하여도 심각하게 따져봐야 할 것이다.

교원 정년 단축정책에 대한 검토는 ① 교직을 무엇으로 보느냐 하는 근본적인 교직관으로부터 출발해야 할 것이다. 그리고 정책의 목적이 설사 옳았다 하더라도 ② 그 방법과 전략이 옳았느냐는 또 다른 측면에서 검토되어야 할 것이다. 또 정책의 목적과 방법에 의하여 나온 ③ 결과의 현장과 현실을 직시해 보고, 확인해 보면 정년 단축정책을 직접 평가할 수 있을 것이다. 다음으로는 ④ 앞으로 이 정책을 어떻게 처리해 나갈 것이냐에 대해 검토함으로써 교원 정년 단축정책을 정리해 나가야 할 것이다.

2) 교직관과 교원 정년 단축정책

교원 정년 단축에 대한 논의는 교직을 무엇으로 보느냐 하는 교직관의 문제로부터 출발해야 한다. 교직을 무엇으로 보느냐에 따라 교원의 정년연령을 줄일 수도 있고 또 늘릴 수도 있기 때문이다.

지금까지 초·중등 교원을 한국사회에서는 당연히 전문직으로 보아왔다.

그래서 어려운 나라 살림에도 불구하고 교원을 우대하려고 해 온 것이다. 그래서 나름대로 유인가를 붙여주려고 했고 또 전문직으로 보아왔기 때문에 교원의 정년연령을 65세로 하여 판·검사와 같은 수준에 맞추려고 했던 것이다. 전문직에서는 고도의 지성적 기술과 전문화된 교육과 훈련, 고도의 자율성과 책임성, 자기 이익보다는 봉사성, 윤리적 행동을 요구한다. 그래서 인격과 경륜을 값비싸게 존중하기 때문에 세계 여러 나라에서 아예 정년연령에 제한을 두지 않거나 제한한다 해도 65세 이상 높여 잡는 것이다.

이것은 세계적인 공통현상이고 보편적인 상식으로 받아들여지고 있다. 미국이나 다른 나라에서는 초·중등 공립학교, 교원을 아직 반전문직(semi professionnal)으로 보고 있음에도 불구하고 정년연령을 제한하지 않는 경향이다. 스스로 교원의 임무를 수행하기 어렵다고 판단하거나 노년에 자기 시간을 갖고 자기 삶을 살려고 계획하게 되면 스스로 물러나는 것이다.

만일 교직을 전문직으로 본다면 교원의 정년연령은 낮아질 이유가 없다. 정년연령은 오히려 더 올라가는 경향이다. 현대 의약의 발달로 모든 사람들의 건강이 더욱 좋아지고 있기 때문이다. 교직을 전문직으로 본다면 지금이라도 정년연령을 65세 이상으로 더 올리고 연장해야 한다. 의사나 변호사 성직자는 건강이 허락하는 한 정년이 없다. 심지어는 정치인들까지도 죽을 때까지 해먹는 판이다. 교사도 가르칠 수 있는 한 평생 가르쳐야 한다.

그런데 우리나라 국민의 정부에서는 교직을 전문직으로 인정하지 않고 노동직으로 보는 것 같다. 60세 이상을 모두 고령교사로 몰아붙여 60세로 무조건 잘라 버리려고 한 것이 바로 육체노동자로 본 것이다. 대개 관리직이냐 평교사 직이냐에 따라 정년연령에 차등을 고려할 수도 있었는데 그런 고려의 여유도 없었다. 교사를 육체노동자로 본다면 아마 앞으로 교원 정년연령을 더 낮춰야 할 것이다. 일반 공무원보다 더 낮추어야 할 것이다.

대부분의 일반 공무원은 육체노동을 하고 있지 않기 때문이다.

이번 정부는 교직을 노동직으로 보았기 때문에 교원정책을 단축했을 뿐만 아니라 교원에게 노동조합을 만들라고 한 것이다. 그것도 노사정위원회의 요구와 결정에 의하여 교원노조가 합법화된 것이다. 대부분의 교원들이 절실하게 요구하지도 않는 것을 노동자로 몰아 노동조합을 만들라고 한 것은 교직을 노동직으로 봤기 때문이다. 다른 공무원들은 노동조합을 못하게 하면서 왜 교사만 노동직으로 보는가? 경찰공무원, 소방공무원도 노조를 인정할 것인가? 교원도 공무원이라고 하면서 노동직으로 몰아가는 것은 무슨 이유인가? 노동조합을 결성하게 하려면 차라리 다른 노동조합과 똑같이 해 줘야 교원에게도 힘이 생기는 것인데 교원에게 힘이 될 만한 것은 모두 제한해 놓고 빈껍데기 형식적인 노동조합만 인정해 준 것이다. 교원이 노동조합에서 무엇을 얻을 것이며, 정부가 교원에게 무엇을 줄 것인가? 정부는 우선 정년연령 3년 단축이란 선물만 주고, 교원은 3년 단축의 선물을 받은 것이다. 교원노조가 단체행동권을 따내지 못하면 교원노조는 영원한 약체이며 절름발이 병신노조가 되는 것이다. 이런 절름발이 교원노조를 해서 교원의 신분이 상승될 것인가? 돈을 많이 벌 수 있을 것인가? 학생들이 행복하게 될 것인가? 학부모·국민에게 이익이 돌아갈 것인가?

교원 정년 단축은 이러한 교직＝노동관직의 한 맥락으로 보기 때문에 문제가 더 심각한 것이다. 이는 3년이란 단순한 시간의 문제가 아닌 것이다. 스승 존경의 한국의 전통과 교직＝전문직관의 역사를 깨는 문제라는 것을 우리 교원들은 왜 인식하지 못하는지 모르겠다.

교직은 의사와 변호사, 성직자 수준의 완전전문직을 지향하여 스스로 피나는 노력과 투쟁을 해야지 노동직으로 인정받기 위하여, 그것도 절름발이 노동직을 지향하여 나아갈 일이 아니다. 선진국들도 교원(노동이 아닌) 운동으로 얻은 것이 별로 없다. 정부로부터 뭔가 따내려면 초기에 따내야 하는데 초기에 얻는 것이 없으면 그나마도 말짱 헛일이다. 그래서 아예 선진국들도 교원단체의 통합을 모색하려고 노력하는 경향을 보이고 있다는 것을 알아야 한다.

3) 교원 정년 단축의 논리 시비

교원들은 아직도 왜 자기들의 정년이 아무 예고나 논란도 없이 갑자기 한꺼번에 3년씩이나 낮춰지는지 그 이유와 목적, 논리를 이해하지 못하고 있다. 교원 정년 단축의 논리와 정당성을 이해하지 못하고 수긍이나 설득을 당하지 못한 채 개 쫓겨나듯이 한마디 인사말도 준비하지 못한 채 쫓겨났고 또 앞으로도 계속 이렇게 쫓겨 날 것이기 때문에 교원은 지금 배반감을 느끼고, 울화가 터지고, 이를 갈게 되는 것이다. 쫓겨난 교원들에게 죄가 있다면 지금까지 열악한 교육여건에서 시키는 대로 열심히 애들 가르치고, 국가에 충성한 죄밖에 없는데 어느 날 갑자기 고령교사, 무능교사의 딱지를 붙여 쫓겨나는 신세가 되었다는 것이다. 거기다 덤으로 촌지교사, 체벌교사라는 낙인까지 찍어 몰아내면서 무슨 훈·포장 조각은 준다는 말인가? 아무리 이해하려고 해도, 시대를 잘못 만난 탓으로 돌리고 애를 삭이려 해도 도저히 삭일 수 없다는 것이다. 국가에 배반당한 교원이 누군가처럼 훈·포장 반납사태를 안 일으킨다는 보장도 없다. 선배들이 배반당하는 모습을 지켜보는 지금의 젊은 교사들이라고 몇 년 후의 자기들 신세를 짐작하지 못하는 미련탱이는 아닐 것이다. 이런 모습을 지켜 본 어린애들이라고 웬만한 머리통을 가졌다면 선생님 되겠다고 달려들지도 않게 될 것이다.

국민의 정부 기획예산위가 교원 정년 단축안을 들먹이며 맨 처음 내 논 말은 "고령교사 1명을 내쫓으면 젊은 교사 2.59명을 쓸 수 있다"는 것이었다. 겨레의 스승을 스승으로 보는 것이 아니라 돈으로 보는 눈으로 눈이 뒤집힌 것이다. 그러면 정부는 2.59명 젊은 교사를 써서 교원을 늘리고 그래서 학급당 학생 수를 줄이고, 교사의 수업시간을 줄이기 위해서 교원의 정년을 단축시켰단 말인가? 교원의 정년을 단축시킴으로써 실지로 교육재정이 절감되었는가? 그리고 정년 단축 후 2.59명의 젊은 교사를 채용할 수 있었으며 또 실지로 채용할 생각이나 했는가? 2.59명 쓴다던 교원 후보자는 다 어디 가고 지금 초등학교에서는 절대 교사 수가 모자라는가? 임용고시를 아무리 치러도 정원을 못 채우는 실정에 2.59명의 젊은 교원을 도대체 어디서 데려올 것인가? 2.59명을 채우려면 의국에서 수입해 오지 않는 한 해결하기 어렵게 될 몇 개월 후의 일도 국가가 예측하지 못했단 말인가? 그리고 고령교사 1명 쫓아내도 연금지출 등으로 실지로 2.59명의 노임을 충당할 수 없는데도 이를 내세워 의도적으로 국민을 대상으로 오도하려 했거나 아니면 단순 계산도 못하는 사람들이 한 나라의 기획예산위에 있었거나 둘 중의 하나이다. ① 이러한 1:2.59의 경제논리에 의한 정년 단축의 목적과 이유·논리가 궁색해지자 갖가지 구차한 이유와 논리들이 동원되었다. ② 학부모들이 고령교사를 기피한다느니 ③ 타 공무원과의 형평성 문제라느니 ④ 교원의 질 향상이라느니 ⑤ 재정부족과 실업난 해소를 위해, ⑥ IMF체제하의 정부의 구조조정의 일환으로, ⑦ 수요자 중심 교육체제 구축을 위해서라고 하면서 이것저것 다 갖다 붙였으나 뭐 하나 설득력을 갖지 못했다.

초등에서 젊은 학부모들이 나이든 평교사를 좋아하지 않는 경향은 실지로 있는 것 같다. 그런데 62세 이상의 평교사는 극히 얼마 되지 않는다. 설혹 학부모가 62세 이상의 교원을 기피하는 현상이 있더라도 오히려 정부가 나서서 학부모를 설득하고 이에 대한 대안이나 대책을 세웠어야지 뒷감당도 못하면서 60세 이상을 모두 쫓아낼 생각을 했다는 자체가 잘못이다. 62세 이상에 교장·교감이 대부분이었는데 이를 쫓아내려 했다면 교장·교감을 타도의 대상으로 삼는 집단의 영향을 받았을 가능성이 높다. 실지로 학부모 중에 연령 높은 교사를 싫어하는 사람이 있어서 이 정책을 택했다고 해도 이래저래 교육논리가 아닌 표를 의식한 정치논리라 하지 않을 수 없다.

타 공무원과의 형평성이란 이유도 논리가 성립되지 않는다. 교직을 전문직으로 본다면 교직을 타전문직과 비교해야지 전문직이 아닌 공무원과 비교한다는 것은 논리적으로 안 맞는다. 교원을 공무원으로 똑같이 본다면 왜 교원노조는 인정하고 다른 공무원노조는 인정하지 않는가?

교원의 질 향상을 위해서 교원의 정년을 단축한다는 것은 더 억지에 해당된다. 교직에서 젊다는 것이 자동적으로 질이 높다고 할 수도 없고 경륜이 많다고 교원의 질이 떨어진다는 억지는 어린애들에게도 통하지 않는다. 교원의 질을 향상시키려면 오히려 장학과 연수를 강화하고, 교원우대책을 써서 우수교사를 유치하고, 사기진작과 동기유발의 적극적 정책을 썼어야 했다.

IMF를 들먹이는 것도 안 맞는 말이다. 어느 나라나 IMF 극복을 위한 근본 대책으로 교육을 강조하고 교육적 처방을 했지 생사람 자르는 정책을 쓰지는 않는다. 교원 정년 단축으로 구조를 조정한 것이 아니라 오히려 구조를 파괴하였다. 초등의 경우 40대 후반에서 50대가 공백상태를 이루어 50대 후반·60대 초반의 교장·교감과 연결시켜 줄 연결고리가 없어져 교원구조를 파괴한 것이다. 전국에 몇 명의 40대 교장이 나왔으나 교장임기제 8년에 걸려 몇 년 후면 또 편법을 쓰지 않으면 그들은 퇴출대상이 된다.

재정난 해소·실업난 해소의 논리도 허구로 밝혀졌다. 60세 이상 연봉 평균 4천 5백만 원이면 초임 연봉 1천 8백만 원이므로 2.5명을 쓰고, 고령교사 2만 명 퇴직시키면 젊은 교사 4만 명을 채용하고도 1,800억 예산절감 효과를 가져온다고도 하고, 이를 교육시설, 환경개선에 투자할 수 있다고 했는데 이와는 반대로 이제 퇴직금도 마련하지 못해 지방교육청이 빚을 내는, 현상을 빚고 있는 실정이니 얼마나 엉터리 계산이었는지 밝혀졌다. 퇴직자 명퇴 수당만 1조 3천억이 소요된다는 것이다. 교육시설과 환경개선에는 손도 못 대게 되었다.

중등에서 어느 정도 신규임용의 효과를 봐서 실업난을 해소했다고 할지 모르나 62세 이상으로 쫓겨난 사람들은 여전히 양질의 고급인력을 실업자로 내 몬 셈이니 실업난 해소에 의미를 부여할 수 없다. 실업난은 퇴직 인원의 2배를 신규로 채용했을 때 설득력이 있는 논리였으나 이는 실천으로 옮겨지지 못했으며 초등에서 절대 교사수가 모자라 기간제, 초빙제로도 충당이 안 되고, 중등에서도 재정난으로 교사를 채용하지 못해 학급당 학생 수와 교사의 수업시수가 늘어나면 늘어났지 줄어들지는 않았다.

결국 교원 정년 단축의 표면적 정책목표나 이유·논리는 설득력을 잃고 교육과 온 나라를 뒤흔들어 놓아 교육의 나라에서 교육력이 먹혀들지 않고 있다. 교원 정년 단축과 다른 정책들의 부작용의 상승작용으로 교육현장은 일대 교육공황, 교육포기, 교실파괴 상황으로 치닫고 있다. 수요자에게 이익을 준다고 내세운 것이 수요자들에게 피해로 돌아오고 있다. 이런 현상을 선량한 학부모들이 직시해야 할 것이다.

정책의 표면적 목표나 이유 이의의 어떤 숨겨진, 가려진 목표를 달성하고 있는지는 모르나 최소한 교원 정년 단축정책의 표면적 정책목표의 달성에는 실패하고 있는 셈이다.

4) 교원 정년 단축정책의 방법과 전략의 문제

교원 정년 단축의 목적과 논리가 설사 정당성과 설득력을 확보하였더라도 그 방법과 수단, 전략이 정당하지 못하면 또다시 실패하게 되는데 교원 정년 단축정책은 수단과 방법마저도 정당하지 못했다.

IMF체제라는 국가 비상사태에서 교원들도 어느 정도 각오하고 국가정책에 협조하고 호응할 마음의 자세를 갖추고 있었다. 그렇지 않은 교원이 있었다면 이는 참교육자가 아니었을 것이다. 이런 상황에서는 국가의 정책을 펴기가 아주 유리하다. 이러한 유리한 조건에서 무리한 정책전략을 써서 이렇게 혼란으로 몰고 간 것이 안타깝다. 교원이 직속 장관 퇴진 서명까지 하다니 이 얼마나 창피한 노릇인가?

이런 상황에서는 정책대상 교원을 설득했어도 어느 정도는 먹혀들 수도 있었다고 본다. 모두가 퇴출이고, 실업으로 치닫고, 노숙자가 거리를 메우는데 교원들이 전연 정년 단축에 호응하지 않았을 것인가?

그리고 단계적 단축을 했어도 충분했다고 본다. 64세로 단축했어도 충분했다고 본다. 또 명퇴 분위기만 몰고 갔었어도 충분히 정책목표를 달성할 수 있었으리라 본다. 미흡하면 그때 다음 단계로 연령을 더 단축해도 충분했을 것이다 교육정책은 혁명적으로 하여 모험을 걸기보다는 점진적으로 하여 안정적으로 확실하게 목적을 달성하는 게 낫다. 장학과 연수 강화 등으로 교원의 질 향상을 꾀하면서 연령에 상관없이 부적격자를 추려내는 것이 연령에 의하여 획일적으로 잘라내기보다 나을 수도 있었다. 이런 경우 교사들은 자존심이 있어서 못 따라오는 사람은 스스로 물러나게 된다. 이러한 간접적 점진적 방법이 실질적 효과도 거둘 수 있고 전문직의 특성에도 맞아 이의가 제기될 수도 없다. 교직이 아닌 기업체에서도 연령에 의하여 일률적으로 몰아내는 일은 없었다.

　교육정책을 교육적 논리로 설득하지 못하고 경제논리, 정치논리로 풀어가려고 한 것이 잘못이다. 고령교사 1명에 젊은 교사 2.59명을 내세운 것이 강한 반발심을 불러일으킨 것이다. 겨레의 스승의 머리수를 돈으로 따진 것이 문제이고 실패의 원인이다. 용어 자체가 '고령'으로 튀어 나온 것도 문제이다. 교원을 존중하는 척이라도 하는 용어를 선택했어야 한다. 교원을 우습게 보고 아무렇게나 다룬다는 인상을 준 것이다. 촌지고발센터, 촌지 반납 자 우대, 참스승 인증제, 성과급제, 학부모에 의한 교장·교사 평가안 등은 모두 유치한 발상으로 교원을 아무렇게나 다루어도 된다는 인상을 계속 주어왔다.

　정책에 대한 준비와 연구도 없이 저질러 놓은 것이 방법상 문제이다. 왜 60이어야 하는지에 대한 근거와 통계도 없이 제멋대로의 주장을 내세웠던 것이다. 정당마다 국회의원마다 제각각 60·61·62·63·65를 내세웠다. 왜 그래야 되는지에 대한 합리적 이유와 근거도 없이 한 나라의 정책이 불쑥불쑥 튀어 나온 것이다. 여기서 교원들은 자기 목숨이 파리 목숨만도 못하다는 것을 느낀 것이다. 내 목숨이 몇몇 정당, 몇몇 국회의원 칼날에 달려 있다는 비참함을 느꼈던 것이다. 교원의 목숨이 마치 사형집행을 앞둔 사형수의 신세와 같았다. 왜 자기 목이 잘려야 하는지 그 이유도 모른 채 말이다. 대한민국 역사상 6·25때 말고 사람의 목숨이 이렇게 보잘 것 없고 가볍게 여겨진 적은 없었을 것이다. 그때는 60이든, 61이든 차라리 단칼에 빨리 베어주기를 바랐었다. 남의 목숨을 놓고 이렇게 노리갯감으로 여겨도 되는 겁니까?

가장 치명적인 것은 국가가 신뢰를 파괴하고 계약을 일방적으로 파기했다는 것이다. 교원은 누구나 법적으로 잘못이 없는 한 65세까지 근무할 것으로 믿고 그렇게 인생을 설계해 왔는데 그렇게 충성을 다 바쳤던 조국이 힘이 있다고 해서 일방적으로 교원을 배반하고 교원의 목을 잘랐으니 앞으로 누가 열심히 근무하고 목숨 바쳐 충성을 하겠는가? 지금 국민이나 지도자들이 교원들 보고 열심히 근무하라고 할 염치가 없다. 열심히 해 봐야 언제 어느 날 갑자기 명분도 없이 개 죽음당할 것이라고 믿게 되었기 때문이다. 지도자의 영(令)이 서지 않고 있다. 이것이 아이들에게까지 미치고 있다. 열심히 일했던 선배들이 죄목도 없이 쫓겨나는 것을 지켜봤기 때문이다. 젊은 교원들에게도 열심히 노동을 할 명분을 주지 못하고 있다. 이 신뢰보장의 문제는 지금 위헌심판에 걸려 있는 문제이다. 입법과정에서도 지나치게 서둘렀다. 입법 예고기간도 휴일 포함 5일밖에 안 되었으니 얼마나 형식적이고 서둘렀는지 알 수 있다.

이렇게 따지면 끝이 없다. 어쨌든 교원 정년 단축전략은 정부에게 유리한 상황이었음에도, 불구하고 방법과 전략의 마비로 실패했다 좀더 세련된 고단수의 전략을 썼어야 했다.

5) 교원 정년 단축 후의 교육현장

교원 정년 단축으로 쫓겨난 숫자만큼 (그 숫자만큼이나 될지도 모르지만) 이 어려운 시기에 취직이 되고, 젊은 피가 수혈되고 교장·교감·장학직을 포기했었거나 아직 멀었다고 생각했던 사람들까지 관리직에 오르게 되어 이론적으로는 교원 정년 단축정책이 기대했던 대로 교직사회는 활기에 넘치고 사기충천해야 하는데 지금 교육현장은 그 반대이다. 기회와 혜택을 준 국민의 정부에 대하여 행운을 얻은 사람들이 감사해야 될 텐데 그 반대로 교원들은 돌아서고 있다. 아버지와 어머니, 삼촌과 고모를 쫓아내고 취직된 아들·딸·조카들의 사기가 올라갈 리 없고, 얼마 안 가 자기들도 쫓겨날 신세인데 젊은 피가 끓어 오를리 없다. 기대하지도 않았던 취직이 되고 승진이 되었다고 고마워하는 교원도 별로 많지 않다.

위층에서 어느 날 갑자기 선배들이 썰물처럼 싹 빠져 나가고 나니 40대 후반인 내가 갑자기 선배가 되었으니 40대인데도 이제부터 눈치를 보게 되고 불안해지는 것이다. 아직도 중학생 자녀를 두고 있는 교원인데도 퇴직을 고려하게 되었다. 일단 퇴직을 고려했던 교원들은 교실에 가기도 싫고 아이들 보기도 싫어지더라는 것이다. 앞에서도 이미 말한 것처럼 젊은 교사들이 열심히 일할 명분을 달라는 것이다. 열심히 일한 사람이나 열심히 안 한 사람이나, 유능교사나 무능교사나 똑같이 62세로 잘라 놓고는 열심히 일하고 유능해지라고 할 명분이 서지 않는다. 지금 젊은 교사들은 옛날 주판보다 정확하고 정밀한 전자계산기와 컴퓨터를 가지고 있어서 계산이 빠르다. 손해나는 짓은 젊은 교사들이 더 잘 안 하려고 한다.

무능이 됐든 유능이 됐든 교직사회에서 지도층이 한꺼번에 무너지니 질서와 기강이 서지 않고 있다. 이것이 아이들에게까지 미치고 있다. 우리나라 곳곳에 지도력, 교육력이 먹혀들지 않고 있다 학생들이 공부야 하든 말든, 공부시간에 조용히 잠을 자더라도 제발 말썽이나 부리지 말고 교사를 귀찮게만 하지 않으면 학생들이 고맙고 예쁘기까지 한 것이다. 이게 수요자 중심이고 열린 것이고 민주라는데 어떻게 할 것인가?

초빙제, 기간제 교장·교사가 쫓겨난 교원들보다 더 우수하고, 더 열심히 한다는 보장이 없다. 기간제, 초빙제 교원은 장래가 없는 임시직으로 이미 교직으로부터 마음을 떠났던 사람들이다. 교직을 떠났던 중년을 임용고사로 다시 불러 모아 숫자를 채워도 옛날의 상큼한 맛은 찾아볼 수 없다. 신규임용 예정자 오리엔테이션 연수장에서 연수생들이 월급 타서 곗돈 불 계산을 열심히 하고 있더라는 것이다.

교원 정년 단축의 목적이 "초등교사 수급에 문제없다"고 방어하는 데 있었던가? 교육을 좋아지게 하고 교육을 잘 하기 위한 정책이어야지 저질러 놓고 숫자를 메우기 위한 정책이어야겠는가? 어쨌든 누가 무슨 변명을 해도 교육현장은 교사는 모자라고, 학급당 학생수는 늘어나고, 교사의 수업시수는 늘어나고, 그래서 더욱 소규모학교 통폐합을 강행하게 되고, 중등교사를 초등으로 밀어 넣는 편법이 동원되고 있다. 분명 교사가 2.59배로 늘어났으면 교육여건은 좋아져야 하는데 교육여건은 이렇게 계속 나빠지고 있다.

고령교사를 쫓아냈으면 분명 교육재정은 좋아지고 남는 돈을 시설과 환경개선에 투자하여 좋아져야 하는데 그렇지 못하다.

교직은 안정되어야 아이들을 차분히 가르칠 수 있는 것인데 지금 교직은 흔들리고, 동요하고, 돌아서고 있다 "당신의 자녀가 흔들리고 있다."고 하더니 이제는 "당신의 교사, 당신의 교육지도자들까지 흔들리고 있다." 지식정보사회에서 교직사회가 흔들리고 교육이 흔들리면 국가의(지식) 기반이 흔들리게 된다.

교육지도자들까지 흔들리고 돌아섰으니 이제 누구의 힘을 빌려 교육개혁을 하고 선진국을 만들 것인가?

더 큰 걱정은 학부모들, 국민들까지 흔들릴까 걱정이다 교사와 학교를 불신하게 되면 학부모들까지 학교와 교육을 외면하고 돌아서게 된다. 이미 일부 학부모들이 자녀를 학교에 안 보내고 독학을 시키거나, 집에서 가르치거나, 학원으로, 대안학교로 보내기 시작하고 있다. 심지어는 우리나라의 의무교육을 받아야 할 아이들까지 외국으로 빼돌리기까지 하고 있다.

학교현장은 이미 옛날의 학교가 아니다. 불과 몇 년 내에 현저하게 나빠졌다. 가면을 쓰고 쇼하는 모습을 시찰하지 말고 평상시 교육현장 그대로의 모습을 실지로 가서 보면 알 것이다. 가식 없는 학교현장, 교실현장을 가보라.

6) 앞으로의 처리

교원 정년 단축 후유증이 일시적인 현상이고 장기적으로 학생과 학부모, 국민, 국가에 이익이 될 것이라면 기왕에 어려운 일을 결단을 갖고 해낸 것이니 끝까지 밀고 나가야 한다. 시간이 지나면 62세로 정년이 굳어지고 옛날처럼 교직사회가 평상으로 돌아가게 되고, 모든 것이 잊혀지고 또 옛날처럼 교원들이 헌신적으로 봉사해 줄 것으로 기대된다면 내친 김에 백년 지대계로 밀고 나가야 한다.

그런데 문제는 앞으로 우수한 사람이 누가 교직에 들어오겠냐는 데 있다. 지금까지도 우수인력이 교직으로 들어오지 않고 다른 곳으로 샜었는데 (신뢰가 깨져버려) 신분 안정도 안 되고, 전문직으로 인정도 못 받는 같은 노동직인데 1, 2년 더 해먹자고 우수인력이 교직으로 오겠는가? 정부수립 초기에는 그래도 우수한 사람들이 교직에 들어와 헌신적으로 일했었는데도 나이 들으니 고령교사로 몰아 쫓아냈으니 누가 이제 교직에 매력을 갖고 들어오겠는가? 당장 내년부터라도 교대, 사대 신입생 모집에서 문제가 드러날 것이다. 갈 데 없어서 교직에 오는 사람들 가지고는 지식정보사회에서 우리가 승자가 될 수 없다는 것을 알아야 한다. 지금보다 오히려 나라의 장래가 문제가 될 수 있다는 것을 알아야 한다. 지금보다 오히려 나라의 장래가 문제이다. 교사 숫자 채우는 게 문제가 아니다. 하긴 교사를 구하지 못해 쩔쩔매는 나라도 많다. 지금은 IMF로 당장 나라 형편, 경기가 나빠서 그렇지 앞으로 경기가 조금만 풀려도 좋은 사람이 교직에 눈을 돌릴 리가 없다.

국가로서도 난처하게 되었다. 정년 단축을 1년 만에 뒤집어 원상회복을 하면 또 조령모개의 비난을 받게 되는데 원상회복의 결정을 하기도 쉽지 않을 것이다. 그렇게 되면 또 다시 혼란이 오고, 국가의 신뢰는 더 나빠질 수도 있다. 나에게 결정권이 주어진다 해도 선불리 결정하기 어렵게 된 문제이다.

이렇게 어려운 때일수록 원칙에 충실해야 한다. 원칙에 비추어 보아 옳다면 끝까지 밀고 나가야 하고, 원칙에 어긋났다면 지금 당장이라도 정책실수를 인정하고 한 시라도 빨리 원상회복해야 한다. 원상회복한다 해도 이미 돌아선 교원의 마음까지 원상회복하기는 어렵다. 상처 치유에 많은 시간을 투자해야 할 것이다. 교원은 자존심을 먹고 사는 것인데 이 자존심의 상처, 배반의 상처는 다른 상처에 비하여 더 많은 세월을 잡아먹게 된다. 그러는 동안 이래저래 아무것도 모르는 어린애들만 불쌍하게 되었다. 여기서 원칙은 교직이 전문직이냐 노동직이냐(what is)에 있다. 또 현재 이것이다 저것이다 결판을 내기 어려우면 앞으로 교직이 노동직을 지향해야 하느냐 아니면 완전전문직을 지향해야 하느냐(what ought to)에서 원칙을 찾아야 한다. 그것도 어렵다면 교직을 노동직으로 봐주고 교사에게서 낮은 기대를 하는 것이 학생·학부모·국민·국가에게 이익이 되느냐, 아니면 부족하더라도 전문직으로 봐주고 교원에게 전문직(가)의 높은 기대를 하는 것이 학생·학부모·국민·국가에 이롭게 되느냐를 따져봐야 한다.

사실 이렇게 따져보고 원칙을 찾는 일은 지금 이 시점에서 하기보다는 일을 저지르기 전에 신중히 따지고 찾아보았어야 할 일이다. 지식정보사회에서 국가의 사활이 걸릴 중대한 문제를 기분 내키는 대로 60세안, 61세안, 62세안, 63세안, 65세안을 떠들어 대다가 정치적 흥정에 의하여 중간 어느 지점, 적당한 선인 62세에서 끊어지는 식이 되어서는 안 될 일이었다. 그러나 이 세상 그 누구도 일부러 의도적으로 잘못하려고 하지는 않았을 것이다. 잘 하려고 한 것이 잘못된 경우가 많다는 것을 인정할 필요가 있다.

늦었지만 이제부터라도 감정을 내세우지 말고, 또 어떤 집단의 이익에 치우치지도 말고, 충분히 논의하고 연구하여 교원 정년 원상회복의 결정을 해야 될 일이라고 본다(한국교육정책연구회 제3회 학술세미나. 1999. 9. 20. 세종문화회관 대회의실).

12. 교직단체의 다원화와 학교교육

1) 교직단체의 다원화

이제 성격과 목적이 다른 여러 교직단체가 공존하게 되었다. 전교조와 한교조가 '교원의 노동조합 설립 및 운영 등에 관한 법률(1999. 1. 29. 공포 법률 제5.2호)'에 의하여 설립되고 한국교총이 전문직단체로서 계속 남아 있게 되었다. 그래서 주어진 제목이 '교직단체의 복수화'가 아니라 '다원화'라고 표현된 것 같다. 성격과 목적, 차원이 다른 단체가 공존한다고 해서 '다차원화'란 의미로 쓴 것 같다.

노동조합 차원의 교직단체와 전문직 차원의 교직단체로 다차원화한 것이다. 노동조합은 노동권에 의하여 행동하고, 전문직 단체는 전문직 윤리강령에 의하여 행동해야 한다. 다양한 성격의 단체가 다양하게 존재하는 것은 다양화, 다양성의 시대에 좋게 보일 수도 있고 또 바람직한 방향으로 보일 수도 있다. 그러나 이 경우는 다양성의 아름다움 보다는 문제의 소지가 많은 것으로 보인다.

문제는 도대체 교직이 무엇이냐에 있다. 전문직이면 전문직이고 노동직이면 노동직이어야지 노동직으로도 보고 전문직으로도 본다는 말인가? 우리 나라에서는 전통적으로 교직을 전문직으로 보아 교원의 노동조합을 인정하지 않았었다. 부족한 점이 있더라도 교직을 전문직으로 보아 교원에게서 높은 수준의 전문직적 행동을 기대했었다. 그리고 교원에게서 도의적·윤리적 행동을 기대했었다. 그런데 국민의 정부는 교직을 노동직으로 돌려놓았다. 교원의 노동조합을 인정하고 교원의 정년을 노동직 수준으로 내려 60세로 하려다 반대에 부딪혀 62세로 내려놓았다. 교직을 노동직으로 본다면 앞으로 정년은 더 낮춰야 할 것이다.

이제 교원은 '두 얼굴의 사나이'가 되었다. 사용자가 노동조합을 상대할 때는 노동법을 적용하게 되고, 전문직 단체를 대할 때는 점잖게 고상한 체해야 한다. 한국교총을 상대로는 교육·정책만을 협의한다는 것이다. 이것이 가능한 일인가? 교원정책이라고 한다면 도대체 어느 쪽을 상대해야 하는가? 교원노조를 상대해야 할 '경제적·사회적 지휘 향상을 위한 특별법'이 무엇이 다르며 어디까지가 경계인가?

정부는 교직단체 중에서 세력이 큰 한쪽 단체만 상대할 일이지 어쩌자고 모든 교직단체를 다 상대하려 하는가? 정부가 모든 단체를 다 상대할 수 있으며 또 그것이 합리적이고 타당한가? '교섭 창구 단일화'(교원의 노동조합 설립 및 운영 등에 관한 법률 제6조 ③항) 하여야 하는 정신이라면 노조든 전문직 단체든 '조직대상'을 교원으로 '같이 하는'것이므로 정부는 단일 교섭 창구를 상대하도록 하는 것이 신분과 '정책'으로 나누어 상대하는 것보다 옳았을 것이다.

교원노조가 단체교섭 또는 투쟁을 하여 정부로부터 교원 임금, 근무조건, 복지후생에서 얻어낸 것이 생긴다면 조합원들에게만 혜택이 갈 것인가 아니면, 조합원이 아닌 교원 전체에게 이익이 돌아가는 것인가? 한국교총이 집단 협상에서 얻어낸 것은 회원들에게만 이익을 주는 것인가? 노조가됐든 전문직 단체가 되었든, 이 법의 적용을 받든 저 법의 적용을 받든 모두 '조직대상'이 동일한 교원이기 때문에 교원으로 하여금 두 얼굴을 갖게 하는 것은 잘못이다. 노동자가 되었든 전문가가 되었든 한 얼굴을 내밀게 하고 복수단체로 다양하게 하는 것이 옳았다고 본다.

교원단체의 대표성에 문제가 있다. 예를 들면 교원 40만 명 중 4.5만 명으로 구성된 노조가 교육부 장관이나 교육감과 협상하여 합의를 봤다면 그리고 합의내용에 대하여 나머지 교원 30만, 35만 명이 불만을 가진다면 그 합의가 무슨 의미를 갖겠는가? 교원노조가 합의를 본 내용에 한국교총 회원이 불만족할 수도 있다. 이런 경우 정부는 다른 단체 회원을 설득할 능력을 잃게 된다. 정부가 교원노조에게는 '신분', 전문직 단체에게는 '정책'으로 법에 의하여 강제 배분한 것이 문제이다. 한 단체가 합의를 본 것을 다른 단체가 반대할 경우 정부는 어떻게 할 것인가?

교직을 노동직으로 보려면 완전히 노동직으로 보아 '노동조합 및 노동관계 조정법'을 적용하여 단결권, 단체교섭권 및 단체행동권까지 따냈어야 한다. 현재 특별법 형태로 되어 있어 법대로 한다면 교원노조는 강력한 힘을 가진 국가나 정부에 대응할 만한 아무런 힘을 갖지 못한다. 교원노조가 단체교섭의 대상으로 삼을 수 있는 '임금, 근무조건, 복지후생'이라도 '법령, 예산, 조례 등에 의해 규정되는 내용은 단체 협약의 효력을 인정하지 않는다'고 제한하고 있다. 그러면 교원의 임금, 근무조건, 복지후생에 관한 것으로 법령, 예산, 조례로 규정되지 않는 것이 과연 얼마나 교섭하고 협상할 것이 남아 있는가?

교섭이 원만하게 잘 이루어져 노사 양방이 다 만족하게 되면 좋겠지만 조정(mcditration). 중재(arditration)의 단계를 거치고도 교원노조 측에 만족하지 못하게 된다면 마지막에 노조가 할 수 있는 일은 아무것도 없다. 노조에게 단체행동권이 없으면 노조는 날개 잘린 새가 되고 만다. 교원노조에게는 파업, 태업, 직장폐쇄 등의 쟁의행위를 할 수 없게 되어 있다. 노조에게 단체행동권이 없는 것을 상대방 정부가 알게 되면 성의 있게 단체교섭에 나설 리 없다. 그렇다고 필자가 지금 교원을 보고 파업을 하라고 권하는 것은 아니다. 교원들이 파업을 하게 되면 학생·학부모·국민들은 등을 돌리게 되고 마침내 교원노조는 비참하게 된다. 그렇더라도 교원노조에게 위협의 비수로 사용할 수 있는 '단체행동권'은 가지고 있어야 한다.

사립학교가 많은 비중을 차지하는 우리나라에서 현재의 교원노조법을 적용하기에는 많은 문제점이 있을 것으로 예상된다. 우선 사학 운용의 사측에게 노조에 대응할 만한 대응력이 주어져 있지 못하다는 것이다. 교원이 사립학교 교원으로 들어올 때는 교칙과 사립학교법과 정관을 지키겠다는 약속 하에 학교 구성원으로 가입하고 나서는 노조를 구성하여 엉뚱한 주장을 해도 이에 대응할 능력이 없다는 것이다. 예를 들면 교원에게 노조를 허용하려면 노조답게 파업도 하게하고 대신 사측에 고용계약제, 정리해고제, 변형근로제도 허용하라는 것이다. 이것도 아니고 저것도 아닌 상태에서 국가를 대신하여 사립학교를 경영하게 되어 있는 학교법인만 어렵게 한다는 것이다.

교원노조는 전국 단위 시·도 단위에서만 조직하여 교육부 장관, 시·도 교육감을 상대로 단체교섭을 할 수 있듯이 사립의 경우 전국단위, 시·도 단위 사용자 단체(사학재단연합회)와 단체교섭을 하게 되어 있는데 여기에 문제가 있을 수 있다. 우선 공립 교원노조를 사학 사용자가 상대할 필요가 없기 때문에 사립 교원노조가 별도로 조직되어야 할 것이다. 그리고 사학재단연합회는 엄격한 의미에서 교사의 임용권자는 아니다. 사립 교원의 임용권자(사용자)는 개개 법인이지 재단연합회가 아니다. 사학재단이 시·도 단위, 전국 규모의 재단연합회를 결성하지 않을 경우 사학 교원노조는 단체교섭의 상대자를 갖지 못하게 된다. 단체교섭은 노동자와 사용자 당사자 간에 협상이 이루어질 수 있어야만 실질적인 협상이 되는 것이다. 그런데 현행법에서는 사학 임용권자가 있는 학교단위에서는 노사활동을 못하게 되어 있다. 교직단체가 다원화되는 것이 좋게 보이기보다는 분산화가 되어 오히려 정부도 골치 아프게 되고 교원도 힘을 잃게 될 우려가 있다. 지금은 교직단체의 분산화보다는 통합의 방향으로 가야 할 때이다. 기왕에 교직단체가 여러 개로 다양화되었다면 이제는 강력한 힘을 갖기 위해서 교직단체 간 협의기구를 두어 공조할 필요성이 생긴 것이다. 전교조, 한교조, 한국교총 간에 협의하고 공조하여 강력한 힘을 낼 수 있는 협의기구를 마련할 필요가 있다. 그리고 정부도 이 협의기구 하나만 상대해야 할 것이다. 성격과 색깔이 다른 단체라도 교원은 교원이므로 이를 포용하는 협의기구를 꼭 설립할 필요가 있다. 기왕에 교직단체가 다원화되었으면 서로 존중하고 공존해야 하며 전체 교원에게 이익이 되고 학생, 학부모, 국민, 정부에도 유익할 수 있게 발전적으로 운영되어야 한다. 교직단체협의기구를 그림으로 다음과 같이 나타내 본다.

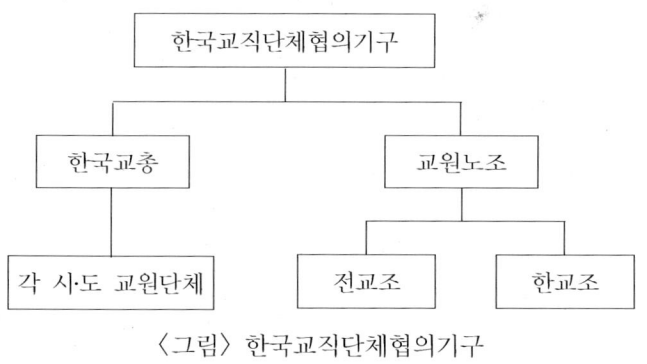

〈그림〉 한국교직단체협의기구

2) 교직단체와 학교교육

교직단체의 성격은 교직을 무엇으로 보느냐 하는 교직관으로부터 출발한다. 교직이 전문직이냐, 반전문직이냐, 범속직이냐, 노동직이냐에 따라 교직단체의 성격도 규정된다. 이보다 더 중요한 것은 교직이 현재 무엇이냐(what is) 보다도 무엇을 지향해야 하느냐(what ought to)가 더 중요하다. 교직은 노동직을 지향해 가야 할 것이 아니라 의사나 변호사, 성직자 수준의 완전전문직을 지향해 나아가야 한다는 것을 부인할 수는 없다. 그래서 교직단체 결성의 필요성은 전문성 향상과 전문직 지향에 있다고 할 수 있다.

교직단체는 교원의 이익만을 추구할 것인가? 교직단체는 자신의 이익보다는 학생과 학부모, 국민의 이익을 보호해야 한다. 교직단체결성의 출발은 학생과 학부모, 국민의 이익 보호에 있다는 것을 알아야 한다. 교직단체의 다양화가 학생과 학부모, 국민에게 얼마나 도움을 줄 것인가를 먼저 생각해야 한다. 학생과 학부모, 국민에게 도움이 안 된다면 교직단체의 다양화는 그 의미를 잃게 된다.

교직단체가 학생과 학부모, 국민의 이익을 보호하기 위해서 교직단체 활동을 한다는 것은 결국 학생을 잘 가르치기 위한 노력을 한다는 뜻이다. 학생을 잘 가르치기 위해서 교사 개인적으로도 노력해야 하지만 단체적으로 노력함으로써 더 효과를 올릴 수 있는 것이다. 교직연수, 개인적 발전, 교직 전문직 발전, 조직발전 노력이 주요 활동이 되어야 할 것이다.

지금은 전 세계가 교육의 질 향상에 총력을 기울이고 있는 시대이다. 지식정보사회에서 살아남는 길은 오직 교육의 질 향상밖에 없기 때문이다. 다양한 교직단체가 국민에게 양질의 교육서비스를 제공하기 위해서 다양한 단체 활동을 할 때만 교직단체의 다양화는 긍정적인 의미를 가질 수 있고 또 국민의 박수를 받을 수 있는 것이다.

이러한 필자의 주장은 현재 교직단체들이 내걸고 있는 투쟁목표와는 거리가 먼 이상적이고 순진한 것으로 보일 것이다. 그러나 교직단체가 이런 이상과 순진성을 간직하지 못하면 국민으로부터 따돌림을 당하고 마침내 교직단체는 설 자리를 잃게 된다. 국민을 등에 업지 못하는 교직단체는 이 세상에 존재하지 못하게 되고 또 그런 단체가 존재한다면 그나마 교원의 지위를 계속 추락하게 만들 것이다. 교직단체의 다양화는 교육의 질 향상에서만 그 의미를 찾을 수 있다.

3) 원칙 고수

교직단체의 난립과 분산으로 학교교육의 공황, 저질화를 우려하는 분위기가 고조되고 있다. 일단 교육정책 실패로 교육현장은 난장판을 이루고 있다고 한다. 이런 난장판에서 원칙마저 무너지면 교육은 더욱 걷잡을 수 없이 추락하게 된다.

악법이라 하더라도 그 법은 지켜져야 하고 그 법 정신에 충실해야 한다. 교원노조는 '임금, 근무조건, 복지후생'으로 엄격히 활동을 제한하고 전문직 단체는 교육정책과 전문성 향상으로 제한하여 활동을 해야 한다. 나라의 법을 무시하게 되면 교육은 더욱 진구렁텅이로 빠지게 된다.

각 교직단체는 세불리기와 인기 전술로 교직사회에 갈등을 야기하기보다는 단체 간 조정과 협동으로 공존하면서 교원의 한 목소리를 내기 위한 노력으로 하루 빨리 협의기구를 만들어야 한다. 정부도 이 협의기구를 상대하는 것이 좋을 것이다. 교직단체간의 갈등은 결국 학생들에게 피해로 돌아가게 되고, 학생에게 피해로 돌아갈 경우 교직단체는 모두 파멸로 치닫게 된다.

교직단체는 모두 교원의 이익을 보호해야 할 뿐만 아니라 교원의 이익 보호 그 자체마저도 학생의 이익, 학부모·국민의 이익이 되어야 한다는 것을 잊어서는 안 된다.

학생의 이익, 학부모·국민의 이익이란 곧 교육의 질 향상에서만 찾을 수 있다. 다양한 교직단체 활동은 교육의 질 향상에 초점을 맞춰야 한다.

교직단체의 다양화가 교육 난장판으로 연결되지 않고 교육의 질 향상으로 연결시키려는 노력이 있어야 한다. 이런 원칙이 무너지면 교직단체의 다양화가 오히려 파멸로 치닫게 된다.

교원의 이익 중에서 가장 중요한 것은 교원의 정년연령이라고 할 수 있다. 교원의 정년연령보다 더 중요한 교원의 이익과 교원 보호가 또 어디 있겠는가? 그 동안 교원의 정년연령 3년 단축을 막지 못한 모든 교직단체는 40만 교원들 앞에 책임을 져야 한다. 교원노조든 한국교총이든 '교원 정년연령 3년 단축'을 저지하지 못한 데 대하여 그간의 교직단체는 책임을 면할 길이 없다. 교원의 정년연령단축을 막지 못하는 교직단체는 앞으로도 존재해서는 안 된다. 이런 책임을 다하지 못하는 사람들에게 교직단체의 일을 맡기는 것은 불행한 일이다. 또 국가가 먼저 법의 신뢰를 깨버린 데 대하여도 정부는 책임을 져야 한다.

우리나라에서 현재 원칙과 근본이 무너지는 것이 가장 큰 문제이다. 더

구나 정치판도 아닌 교육판에서 원칙과 근본이 무너진다는 것은 우리나라가
무너지는 것과 같다. 우리 교원은 원칙을 고수해야 한다. 교직은 무엇인
가? 교직단체는 무엇 때문에 필요한가? 교원 정년을 3년씩이나 단축하도록
방치한 교직단체는 무엇 때문에 필요한가? 물러나야 할 사람들이 또다시
교직단체 감투싸움이나 벌리도록 내버려 둬서는 안 된다. 교직단체의 다양
화는 학교교육을 잘 하기 위한, 좋은 교육서비스를 국민에게 제공해 주기
위한 교직단체의 다양화가 되어야 한다. (교육진흥, 1999, 가을).

13. 교직의 전문성과 바람직한 교사상

1) 역사적 전환기의 교육행정가로의 변신

지금은 공교롭게도 10년대, 100년대, 1000년대가 동시에 바뀌는 시대적 전환기인 동시에 산업사회에서 지식정보사회로 넘어가는 역사적 전환기이기도 하다. 세계의 여러 나라들은 말할 것도 없고 단체나 개인들까지도 이러한 전환기에 특별한 의미를 부여하려고 요란스런 계획들을 세우기도 한다.

마침 여러분은 새로운 세기와, 새로운 밀레니엄의 이브, 역사의 문턱에서 교육행정가의 길로 들어서게 되어 여러분 개인적으로도 큰 의미를 둘 수 있게 되어 영광이 아닐 수 없다. 동시에 여러분이야말로 새 시대, 새 지도자로서 새로운 교육행정, 전환적 교육행정을 담당해야 할 사명감도 가져야 할 것이다. 21세기, 3000년대의 교육행정가는 무엇인가 달라져야 할 것이다. 교육개혁의 지도자로서, (새)학교문화(창조) 지도자로서 역할과 책임을 다할 각오와 결심을 단단히 하고 이러한 지도자의 임무를 수행할 수 있는 능력개발에 최선을 다해야 할 것이다.

이러한 시대적, 역사적 전환기에 교육행정 지도자의 길을 가려면 다른 때보다 더 어려움이 많고 장애물과 난관이 많을 것으로 예상되는 바, 이를 극복하려는 의지와 슬기가 요구된다.

한국의 학교와 교육은 그 동안 비난도 많이 받아왔지만 성공적인 측면도 많았다. 그런 대로 산업사회에 알맞게 되어 있었기 때문에 선진국들이 200년, 300년 걸려서 이룩한 산업화를 우리는 늦게나마 30여년 만에 어느 정도 따라잡을 수 있었다. 그런 대로 우리의 교육이 산업화를 뒷받침해 주었기 때문이다. 그러다가 우리가 지금 IMF를 맞고 시련을 겪고 있는 것은 변해 버린 지식정보사회에 우리의 교육이 맞지 않기 때문이라고도 볼 수 있다. 우리의 학교와 교육은 지식정보사회를 뒷받침해 주지 못하고 있다.

산업사회 공장모델의 학교로부터 지식정보사회의 지(성)적 학교와 교육으로 바뀌어(전환해)야 한다.

첫째, 양의 교육으로부터 질의 교육으로 바뀌어야 한다. 많이 가르치고도 실패하는 교육을 하지 말고 덜 가르치고도 성공적인 사람 만들기 교육을 해야 한다. 질 관리 운동은 물건 만드는 기업체보다 인간 만드는 교육에서 먼저 했어야 한다.

둘째, 분리·분업의 나누기와 부품조립의 교육으로부터 통합과 연결, 균형과 조화의 교육을 해야 한다. 쪼개쪼개 나누어 가르치면 아이들이 교사와 학교가 제공하는 지식의 파편조각을 주어모아(조립하면) 스스로 전인이 될 것이라는 가정 자체가 잘못되었다. 부품이 불량품이거나 잘못 조립되어 불량인간이 나와도 그대로 넘어가는 것이 우리의 교육이었다.

셋째, 논리, 분석, 실증, 객관, 과학도 중요하지만 좀 느낌(표)이 있는 교육을 해야 한다. 흥분, 열망, 정열, 비합리, 비논리, 주관, 해석, 의미 가치도 강조되고 중시하는 교육도 해야 한다. 찬 왼쪽 뇌만 박수를 쳐주지 말고 오른쪽 뇌, 뜨거운 가슴, 날랜 손발도 박수를 받을 수 있어야 한다.

넷째, 규격화, 정형화, 획일화를 위한 교육으로부터 다양화, 독특성 인정, 개성존중의 교육으로 전환해야 한다. 이제는 공장에서도 소품종을 하나의 틀에 구어 내는 대량생산의 시대가 아니다.

다섯째, 국가수준에서 지구촌으로 시야를 넓히는 교육을 해야 한다. 단순히 외국어만 가르치는 것이 아니라 국제예의, 국제문화의 이해 교육이 요구되는 것이다.

여섯째, 혼자 똑똑한 사람보다 남과 어울려 더불어 일하고 살아갈 수 있는 사람이 되어야 한다. 팀 정신이 필요하다. 대인관계, 사회성, 통합성이 더 요구된다.

일곱째, 산업사회에서는 물질이었으나 지식사회에서는 정신, 아이디어, 기호, 상징이 중시된다. 무엇보다 인간답게 살기 위해서는 윤리·도덕의 바탕을 튼튼하게 다져야 한다. 창의성과도 연결된다.

여덟째, 아는 것으로 그치는 것이 아니라 할 수 있고 또 행하는 사람이 되게 교육해야 한다. 학교에서 학생시절에만 공부하는 것이 아니라 평생을 통해서 전 국민이 전 사회를 교실삼아 공부하는 사회가 되어야 한다. 그래서 학교에서는 학습하는 방법의 학습을 해야 하는 것이다. 아는 것이 다 유식한 것이 아니라, 할 수 있고 하는 사람이 신지식인일 것이다.

사람으로서 갖춰야 할 기본에는 엄격하고 철저해야 하며 나머지는 선택과 자유가 보장되도록 관대하고 허용적이어야 할 것이다.

이러한 전환기에서 요구되는 교육의 방향감을 갖고 교육행정가의 길을 모색해야 할 것이다. 교감은 가르치는 전문가로부터 행정하는 전문행정가로 변신해야 하는 자리이다. 이제 여러분의 전공과목은 교과목이 아니라 교육행정이다. 교육행정 전문성을 기르기 위해 이 연수 이후에도 최선의 노력을 경주해야 할 것이다. 변신에 즈음하여 봉사정신, 힘 기르기, 철학과 신념, 장기적 전망, 통합적 안목을 부탁한다.

2) 교직의 전문직성

먼저 우리가 흔히 말하는 교직의 전문성이라는 말은 엄격하게 말하면 '전문직성'을 의미한다. 전문성(specialization)과 전문직성(professionalization)은 구별되어야 한다. 한 부분 또 한 분야(special)에 숙달되고 전문가(expertise)가 되는 것은 전문화·전문성의 specialization. specialist가 된다. 관료제, 관료에게도 이런 전문화와 전문성은 있다. 그런데 직업으로서의 전문직화를 의미하는 것은 profession. professionalization이 된다. 의사와 변호사, 성직자와 같은 전문직을 professionalization이라고 하고 이런 직업에 종사하는 사람들을

professional이라고 하고 이런 전문직으로 변해 가는 것을 professionalization이라고 할 수 있다.

그래서 우리가 흔히 말하는 교직의 전문성은 professionalization이 되고 우리말로는 교직의 전문직성이라고 해야 specialization의 전문성과 구별되는 것이다. 그래서 교직은 전문직(profession)이 되어야 하고 교사는 전문직자의 전문가(professional)가 되어야 한다. 전문직이 되기 위해 애쓰고 노력하는 것이 전문직주의(professionalism), 전문직화(professionalization)가 되는 것이다. 전문직(profession)이 되려면 전문성(specialization)이 있어야 할 것이므로 전문성은 전문직성에 포함된다고 볼 수 있다.

전문직은 저절로 전문직이 되는 것이 아니다. 이에 종사하는 사람들이 부단히 노력하고 또 투쟁도 하여 사회로부터 인정을 받아야 한다. 그래서 전문직의 기준, 특성에 맞아야 한다.

(1) 전문직의 특성에 의해서 본 교직

전문직의 기준 또는 특성으로 여러 학자, 여러 단체에서 제시하였으나, 가장 많이 인용되는 것이 리버만(Lieberman)의 것으로 다음과 같다.

① 사회적 봉사
② 지성적 기술
③ 전문화된 교육과 훈련
④ 자율성
⑤ 책임성
⑥ 자기 이익보다는 봉사(이타성)
⑦ 자기 통제(가입자 통제)
⑧ 윤리강령에 의한 행동(노동조합에 의한 행동이 아니라)

마이어스(Myers)는 13개의 전문직 특성을 제시하고 이 특성에 비추어 볼 때 초·중등 교직은 아직 반전문직(semi-profession)이라고 보고 있다.

① 과학적 이론에 바탕을 둔 지식   그렇지 못하다.

② 봉사지향성   접근

③ 사회에서 수행하는 독특한 기능(의사의 기능, 교육의 기능)

　　　　　　　　　　　　　　　　　　　　　　　　　약간 동의

④ 교육과 훈련의 표준   약간

⑤ 장기간의 성인 사회화 기간(전문가에 의한 가입 통제)

　　　　　　　　　　　　　　　　　　　　　　　　　제한적

⑥ 면허증   높은 수준 못됨

⑦ 면허발급 및 허가기구   자체 발급 못함

⑧ 입법화   교직자 영향 적어

⑨ 수입, 권한, 명성 순위, 지원 학생   높지 않아

⑩ 비전문가 평가와 통제(내부 통제)   벗어나지 못해

⑪ 규범   타인, 법에 강제

⑫ 전문직에의 가입과 신분 정체성   부직, 떠나 이직

⑬ 평생직(소명감)   다시 태어나도?

　교직과 다른 전문직을 비교해 보면 교직을 이해하는 데 더 도움이 될 것이다.

<표 2> 교직과 타전문직과의 비교[1)]

교 직	다른 전문직
• 교사는 30명 이상의 고객을 동시에 다룬다.	• 한 번에 한 명의 고객을 다룬다.
• 관계성은 성인 대 어린 학생이다.	• 관계성은 성인 대 성인이다.
• 처치가 30명 이상이 동시에 보고 듣는 교실에서 이루어진다.	• 처치가 사적인 사무실에서 이루어진다.
• 처치가 하루 6시간, 년 180일 이상 계속된다.	• 협의가 약속에 의하여, 대개 짧은 동안 이루어진다.

교 직	다른 전문직
• 다양한 문제가 계속적·지속적으로 다루어진다.	• 고객은 대개 특정 문제점에 관하여 전문가가 협의한다.
• 처치 결과가 즉각 나타나지 않고 장기간 후 나타난다.	• 전문가의 조언이 대개 즉각 확인할 수 있는 결과를 가져온다.
• 결과가 태도, 행동에 관한 것이어서 포착하기 어렵다.	• 결과가 확인 가능하고 가시적이기까지 하다.
• 보상이 공금으로부터 나온다.	• 고객은 전문가에게 직접 지불할 것으로 생각한다.
• 고객은 법에 의하여 다뤄질 것으로 요구된다.	• 고객이 자발적으로 전문가의 봉사를 구한다.
• 학생의 복지를 위한 법적 책임이 복잡하다.	• 법적 책임이 성인 대 성인으로 직접적이다.
• 고객이 실천자를 선택하기 어렵거나 할 수 없다.	• 고객이 자기의 전문가를 선택하고 바꿀 수 있다.
• 성인 세계와의 의사소통은 어린이의 마음을 통해서 하게 되어 오해를 불러일으키기도 한다.	• 의사소통은 성인으로부터 성인으로 임의로 중간 개입이 없다.

　　전문직은 곧 전문직화의 과정이라고 할 수 있으며 사회의 전문직인정의 정도로 나타낼 수 있다. 전문직화의 정도를 다음과 같이 나타낼 수 있다.

```
├───────────┼───────────┼──────────────────┼──────────────►
```

1. 장래전문직　　2. 반전문직　　3. 신전문직　　　　　　　4. 기성전문직
(병원, 세일즈,　 (간호, 약사,　 (엔지니어, 화학, 회계,　 (법조, 의사,
노동관리자)　　 사회사업가)　　 자연, 사회과학)　　　　 성직자)

---

1) 출처: Eva Washington. "How Do We Compares. California Teacher Association, lournal. LXXMn.1969).

<표 3> 완전전문직과 반전문직의 구별2)

범주	완전전문직	반전문직
1. 지식	창조와 적용	의사소통(전달)
2. 의사소통 특권	보호	보호받기 어려움
3. 생사 관련	흔히	거의 관련 없음
4. 자율성	대단히 많음	부족함
5. 통제자	내적(자신의)통제	외부 통제(행정가, 비전문위원회)
6. 실천자 조직	독립적, 덜 관료화	관료적
7. 성별	남성위주	여성위주
8. 훈련 연수	5년 이상	5년 이하

　이러한 구별은 앞에서 언급한 전문직의 특성, 또는 기준에 의한 것인데 완전전문직과 반전문직의 차이를 보면 참고가 될 것이다.

　이상을 종합해 볼 때 교직은 전문직이어야(what ought to) 하나 현재 의사나 변호사, 성직자와 같은 수준의 전문직이냐 에는 완전 의견 일치를 얻어내기 어렵다. 지금 미국에서도 아직 반전문직 정도로 보는데 완전전문직으로 인정받기 위해 끝없는 투쟁의 과정을 가져야 하고 또 우리 스스로도 부단한 노력을 해야 한다는 것을 알 수 있다.

여기서 교원노조문제에 대하여 심각하게 생각할 필요가 있다. 교직을 전문직으로 보면 노동조합을 결성하고 단체행동을 하기는 어렵게 되고 또 교사들이 스스로 노동직으로 인정한다면 다른 직업과 마찬가지로 구조조정의 대상이 되는 것도 감수해야 할 것이다. 전문직으로 본다면 전문직 단체를 만들어 완전전문직으로 인정받기 위해 노력하되 윤리강령에 의하여 행동해야 하고 또 평생직이므로 정년 단축을 인정해서는 안 된다. 의사, 변호사, 성직자에게는 아예 정년이라는 자체가 없는 것이다.

---

2) 출처: Amitai Etzioni(ed). The Semi-Professions and Their Organization: Teachers. Aurses. Social Workscnew york: The Free Press. 1969).

(2) 교권에 대한 이해

교권이라고 하면 흔히 교사의 교육하는 권리, 가르칠 권리, 또는 교사의 권위만을 생각하기 쉬운데 교권을 여러 측면에서 볼 수 있다. 학생의 학습받을 권리의 학습권, 학부모가 자녀교육을 할 수 있는 자녀교육권, 국가나 지방자치단체가 국민과 주민을 교육할 권리와 의무가 모두 포함된다.

그리고 교사의 교권과 관련해서도 교사가 학생을 가르칠 권한, 교사의 권익으로서의 교권, 교사의 권위로서의 교권도 모두 교권이란 말 속에 함축되어 있다는 것을 알아야 한다.

① 학생의 학습권

학생은 학생으로서 당연히 교육받을 권리, 학습할 권리(교육기본법 제1장 제3조)를 갖는 것인데 이 권리를 침해받는 경우가 있기 쉽다.

② 학부모의 자녀 교육권

학교교육에 우선하여 학부모는 자기 자녀를 감독하고 보호하고 교육할 권리와 의무를 가진다(교육기본법 제2장 제13조).

사실은 부모의 자녀교육이 주가 되고 학교교육이 종이나 부가되어야 하는데 우리나라에서는 뒤집힌 현상이다. 유태인들은 가정교육이 주가 되고 학교교육은 부차적이라고 한다.

부모의 교육의무가 있지만 미국에서는 자녀를 학교에 안 보내고 집에서 가르치겠다.(home schooling)는 주장이 받아들여지고 있다.

③ 국가·지방자치단체의 교육권

국가와 지방자치단체는 교육제도와 교육시설을 마련하여 교육사업을 감독하고 관리할 책임과 동시에 의무를 가진다. 교육은 공적이고 공공사업이다. 사립학교는 국가나 지방자치단체가 할 일을 학교법인 이 사회에 위임하고 맡겨서 교육을 하는 것으로 봐야 한다.

④ 교사의 교권

교사의 교권은 국가, 지방자치단체, 학부모로부터 위임을 받아 학생을 교육하고 가르칠 권리(초·중등 교육법 제20조)를 의미하는 교권과 교사의 생활보장, 신분신장, 사화·경제적 지위 향상(헌법 제31조, 교권지위 향상 특별법 제3조, 교육공무원법 제43조 1항, 교육기본법 제2장 제14조) 등과 관련하여 교사로서 마땅히 누려야 할 권익으로서의 교권을 의미하는 교권, 교사의 전문직성에 해당하는 지식과 기술, 능력, 인격 등에서 나오는 것으로 타인이 인정하고 수용할 때 성립되는 교사의 전문적 권위(autbority)를 의미하는 교권의 세 의미가 모두 교권 속에 들어 있음을 이해해야 한다.

이렇게 교권은 여러 측면에서 여러 의미로 해석될 수 있는데 교육은 권리이면서 의무라는 점을 생각하여 교권도 권리·권한이면서 책임과 의무를 동시에 내포하고 있다는 것을 잊지 말아야 한다. 책임과 의무를 다할 때 권리와 권한도 수반된다는 점을 알아야 한다.

3) 교원의 책무성과 윤리

전문직에는 고도의 자율성이 부여되고 자율에는 반드시 책임이 따르게 된다. 책임(responsibility)이란 자신의 행동에 대한 추궁에 반응 또는 대응(response)을 할 수 있다는 데서 나왔다. 최근 강조되는 책무성(accountability)은 자신의 행동에 설명(account for)할 수 있고 증거로써 보여 줄 수 있다는 데서 나온 말이다. 숫자나 회계, 증거로서 설명할 수 있어야 하겠다. 가르친 학생의 성적, 문제학생 등에 대하여 책무성을 추궁한다. 책임성(responsibility)이 포괄적이고 도의적 책임에 가깝다면 책무성(accountability)은 법적 책임에 가깝다고 할 수 있다.

교원은 공무원으로서의 신분과 전문직으로서의 신분을 동시에 갖고 있어 법적 의무와 동시에 전문직 윤리를 지켜야 할 의무를 동시에 지게 한다.

(1) 법적 의무

국가공무원법에 나타난 법적 의무만을 요약해 보면 다음과 같다.

① 선서의 의무: 교원은 임용 시 '법의 준수와 명령에 복종하고, 창의적인 노력과 책임 완수, 정의의 실천가'가 될 것을 소속기관장 앞에서 선서(국가공무원법 제55조)한다.

② 성실의 의무: 모든 공무원은 법령을 준수하며, 성실히 직무를 수행하여야 한다.(국가공무원법 제56조).

③ 직무상의 의무: 공무원은 직무를 수행함에 있어 소속 상관의 직무상의 명령에 복종해야 하는 '복종의 의무'를 지며, 직무전념의 의무로 직무이탈금지 의무, 영리업무 및 겸직금지 의무가 있다.(국가공무원법 제57조).

④ 신분상의 의무: 비밀엄수의 의무(국가공무원법 제60조), 청렴의 의무(국가공무원법 제61조), 품위유지의 의무(국가공무원법 제63조). 영예 등의 제한 의무 - 외국 정부로부터 영예·증여를 받을 경우 대통령 허가가 필요하다(국가공무원법 제62조).

⑤ 근무규칙 준수의 의무: 근무기간 준수, 출장 중 공무수행과 복명의 의무, 근무 중 품위유지의 복장 및 복제의 의무, 근무시간준수 의무, 긴급 시 시간외 및 공휴일 근무, 부단한 연수의 의무(국가공무원 복무규정 제2조, 제6조, 제8조, 제9조, 제11조, 교육법 제7조) 등을 진다.

이러한 법적 의무와는 반대로 공무원으로서의 신분보장의 법적권리도 인정된다. 여기에는 의사에 반한 신분조치 불가, 불체포권, 휴직제도, 의원면직, 명예퇴직 등이 포함된다.

(2) 전문직적 윤리

우선 교원은 교직자로서 자기 자신에 대하여, 학생에 대하여, 지역사회에 대하여, 교직원에 대하여 그리고 교장, 교육감, 교육위원회에 대하여 책임을 다해야 한다.

그리고 교직자로서 사도헌장, 사도강령에 나타난 교직윤리를 지켜야 한다. 교직은 어느 직장에서 보다도 윤리성이 강조되어야 한다.

이제 교감, 교장, 장학사는 교육행정가로서의 윤리도 지켜야 한다. 예를 들면 '전임자를 비난하지 아니한다.'는 것도 중요한 교육행정가의 하나의 신조가 되어야 한다. 외국에서도 '인사를 다루는 장학 자의 윤리'같은 것을 구체적으로 제시하고 있다.

(3) 가장 어려운 직업 그것은 교직

이 세상에 수많은 직업이 있고 그 직업들이 다 나름대로 어려운 직업이지만 그 중에서도 교직은 가장 어려운 직업 중의 하나라는 것이다. 그 이유를 의사인 글래저(Glasser)는 다음과 같이 제시하고 있다.

첫째, 교직은 사물을 관리하는 직업이 아니고 인간을 관리하는 직업이기 때문에 어려운 직업이다.

둘째, 사람을 다루고 관리하는 일이라도 그 사람이 협조적이면 그래도 쉬운데 교직은 학생들이 협조적이 아니기 때문에 더 어렵다는 것이다. 의사가 어려운 직업이지만 환자와 보호자가 의사에게 협조적이기 때문에 교직보다 어렵지 않다는 것이다.

셋째, 학생을 관리하고 다루는 교사의 실수가 불분명하지 않다는데 어려움이 있다.

넷째, 교직이 어려운 직업임에도 불구하고 그에 상응하는 보상과 보수가 수반되지 못하는 데 어려움이 가중된다.

다섯째, 학생들의 욕구를 교사가 충족시켜 줄 수 있다면 학생의 관리와 지도는 쉬워지는데 그렇지 못한 데 어려움이 있다.

여섯째, 학생들이 수동적이면 관리하기 쉬울 것으로 생각하기 쉬운데, 동기유발이 안 되어 다루기가 더 어렵다는 것을 이해하지 못하여 교사들은 일하기가 더 어렵다는 것이다.

일곱째, 학교와 학급, 교사의 위치가 새 시대에 맞게 바뀌어야 하는 데 시대의 흐름에 맞추지 못하는 데 문제가 있다

여덟째, 교직의 전문직성이 제대로 인정받지 못하는 데 많은 문제가 있다. 전문직성에 맞게 높은 준비교육과 훈련도 제대로 받지 못하고 있다.

4) 새 시대의 교사상

교직은 가치 있고, 중요한 일을 하면서도 그에 상응하는 대우를 받지 못하고 있는 직업인지 모른다. 그러나 우리가 생각을 어떻게 하느냐에 따라서는 '보람'을 찾을 수 있는 직업이라고 본다. 배우고자 하는 학생을 가르쳐서 기쁨을 주고 또 그들이 자라고 성장하는 모습을 곁에서 바라보면서 즐거움을 가질 수 있다. 이들이 자라서 국가와 사회에 기여하는 것을 보면서 가치 있는 일을 하고 있다는 보람을 느낄 수 있다. 세상에 수많은 직업이 있지만 이런 보람을 느끼면서 사는 사람들이 얼마나 되겠는가?

여기서는 성직이니, 천직이니, 사명감이니 하는 이야기를 반복하고 싶지 않다. 그저 산책하는 기분으로 이 이야기 저 이야기하면서 교사라는 직업에 대하여 함께 생각해 보기로 한다.

유태인들은 국가는 멸망해도 교육은 계속되어야 한다는 믿음을 갖고 민족 대대로 노력한 결과 2,000년 동안 지구의 곳곳에서 갖은 고난과 학대를 받으면서 떠돌아다니다가도 다시 모여 이스라엘이라는 나라를 세웠다. 이것은 바로 교육의 힘에서 나온 것이다.

우리나라가 일제의 식민지, 6·25의 잿더미로부터 이만큼 일어설 수 있었던 것도 바로 교육의 힘이라고 평가하고 있다. 우리의 선배 교사들이 어려운 역경 속에서도 희생적으로 열심히 가르쳤고, 국민들도 교육에 열을 올렸고, 학생들도 이에 잘 따라주었기 때문이다. (교사의 교육애, 학부모의 교육열 학생의 향학열), 그래도 그 동안에 교육받은 인구가 많이 있었기 때문에 이 정도의 국가수준으로 올려놓을 수 있었던 것이다.

이렇게 해서 올려 세워 놓은 경제성장과 국가발전이 교육에 재투자하지 않고는 한 단계 더 높은 수준으로 끌어올리기 어렵게 되어 있다. 교사를 대우해 주지 않고는 국가의 장래를 보장하기 어렵다.

우리가 하고 있는 일에 대한 올바른 평가와 대우를 끌어내기 위해서는 우리가 단결하고 더욱 우리가 하고 있는 일에 대해 열심히 노력하여 전문성을 확보하는 길밖에 다른 방법이 없다고 본다. 우리의 할 일을 열심히 하면서 우리의 요구는 요구대로 지속적으로 해야 한다고 본다. 몇 가지 우리의 할 일을 생각해 본다.

무슨 일을 하든지 올바른 철학적 방향감이 있어야 한다. 철학은 행동의 방향을 제시해 주고 행동의 중심을 잡아주기 때문에 중요하다. (고속버스 손님 이야기, 바이런의 시 이야기). 또 인간을 어떻게 보느냐 하는 인간관과 학생관이 바르게 정립되어 있어야 한다. 학생들에게 인간의 존엄성을 가르치기 위해서는 교사가 먼저 학생들을 존엄한 존재로 대할 수 있어야 한다. (생명을 중시하는 교육)

올바른 교사가 되기 위해서는 기본적으로는 첫째, 인간을 사랑할 줄 알아야 한다. 인간을 가르치는 사람이 인간을 사랑하지 않고 사람을 싫어해서는 근본적으로 교사가 되기 어렵다 학생을 인격체로 존중하는 동시에 개성·인성을 존중해야 한다. 그래야 창의성 교육도 가능해진다.

둘째는, 가르치는 일을 사랑해야 할 것이다. 가르치는 일이 재미없어 가지고는 훌륭한 교사가 되기 어려울 뿐만 아니라 인생 자체를 재미없게 살게 된다. 가르치는 방법도 점점 고도화되고 있다. 이 고도화 대열에서 뒤쳐져서는 안 된다 가르치고자 하는 강한 욕구를 가져야 한다.

셋째는, 교직을 사랑하고 진리를 추구하는 데 재미를 느껴야 한다. 특히 가르치는 과목을 좋아해야 할 것이다. 끝없는 지적 호기심과 탐구정신이 있어야 한다. 연구하는 교사, 준비하는 교사가 되어야 교직이 재미도 있고 학생에게도 도움이 된다.

이제는 입으로만 교육하는 것이 아니라 온몸으로 하는 교육을 해야 할 때이다. '삶과 앎'이 일치하는 교육도 해야 한다. 민주주의 도입으로 하는 민주주의가 아니라 행동으로, 실천으로 민주주의를 해야 할 때이다. 공부해라 하기 전에 내가 먼저 공부하는 모습을 보여주어야 한다. 입으로만 할때에는 겉도는 교육이 되고 만다. 아버지가 버린 담배꽁초를 자식이 줍고다니는 식의 교육이 더 이상 반복 되어서는 안 되겠다.

교직이 전문직이어야 한다는 데에는 이의가 있을 수 없다. 그러나 의사, 변호사, 성직자, 교수와 같은 완전한 전문직이냐 에는 논란의 여지가 있다. 우리가 완전한 전문직으로 인정받을 때 누구도 도전하거나 침범할 수없는 권위와 자율을 누릴 수 있을 것이다. 이를 위해서는 그들 이상으로피나는 노력을 해야 한다.

자기가 하고 있는 일에 대하여는 세계 제1인자가 된다는 신념으로 노력해야 한다(세계 제일 가는 교사). 그리고 내가 맡은 실무 면에서는 누구와도 비교할 수 없는 존재가 되어야 한다. 이론을 학자에게 맡긴다면 가르치는 실제는 교사에게 맡긴다는 분위기가 형성되어야 한다.

세상에 사람이 많은 것같이 보이지만 실제 꼭 필요한 사람을 찾으면 별로 없다고 한다. 우리가 하고 있는 일에 10년만 집중투자 하면 웬만한 부분은 통달할 수 있다(해인사 노스님, 10년 후의 얼굴), 먼눈으로 보고 부단한 노력을 하면 반드시 그 열매가 열릴 것으로 믿는다(무쇠를 갈아 바늘만들겠다는 신념).

우리는 능력을 발휘하고 그 능력을 인정받을 때 행복하다. 보통 인간은 자기가 가지고 있는 능력의 겨우 15~20%밖에 발휘하지 못하고 흙으로 변한다고 한다. 나머지 능력을 언제 발휘하려고 묻어두고 젊은 날을 불평불만 속에서 하루하루를 보내려 하는가? 우리는 '포도주 반병'에도 행복할 수 있다. 우리가 행복해야 학생들도 행복해질 수 있다. 멋있게 가르친다는 것은 우리가평생을 건 도전이다. 정년까지 수업을 해도 멋있는 수업을 한 시간 하기가 어렵다(goodbye lecture).

이를 위해서 동료교사들끼리 서로 코치하는 일이 번져 나가고 있다. 전문가들은 동료들끼리 전문성 확립을 위해서 협동한다. 또 교사들이 갖춰야 할 능력을 정해 놓고(예를 들면 2,700개 항목) 이들 하나하나를 체크하고 확인하여 교사자격증을 주고 있다. 또 한편에서는 마이크로티칭이라고 하여 소규모 수업을 녹화하여 계속 반복하여 되돌려 보면서 교수기술 개선에 노력하고 있다. 가르치는 데 싫증을 느끼지 않고 평생을 바쳐 배우는 데 권태를 느끼지 말아야 남으로부터 존경받는 교사가 된다. 우리는 존경이라는 이슬을 먹고 산다.

전문직은 자율과 책임을 동시에 요구한다. 완전전문직이 되기 위해 최선의 노력을 해야 한다. 창의적인 교사가 창의적인 학생을 길러낸다. 수업에 승부를 걸고 교육과정 운영자가 되기 위해서는 연구자가 되어야 한다. 우리는 변화와 개혁의 시대에 살고 있다. 이 변화의 흐름을 잘 타는 사람은 살아남을 수 있고 그렇지 못한 사람은 생존에 위협을 느끼게 된다. 국가가 망하는 일도, 기업이 망하는 일도 금방이다. 이제 학교가 망하는 일도 생긴다. 학부모의 학교 선택권이 보장되면 분명 망하는 학교가 생긴다. 망하는 학교의 교사는 비참하게 된다. 학생이 없어서 망하는 학교의 교사를 데려다 쓸 사람은 없다.

지금까지는 잘하는 사람이나 못하는 사람이나 같이 묻어갔으나 이제는 능력 본위, 자유경쟁의 시대로 넘어가게 된다. 능력 있는 잘하는 사람은 그만한 대가와 보상을 받고 그렇지 못한 사람은 직장을 떠나야 한다.

우리들 자신이 생존을 위한 발버둥을 치지 않을 수 없다. 우리 자신이 살아남기 위한 생존교육을 해야 한다. 또 우리가 가르친 제자들, 학생들이 냉혹한 국제경쟁의 무대에 나가서 이겨야 하고 살아남아야 한다. 살아남고 이기는 제자를 길러내는 생존교육을 하지 않을 수 없다.

우리 민족이 19세기에서 20세기로 넘어가는 전환기에서 일본에게 뒤쳐지기 시작했다. 그것을 다행히 1960~1980년대에 단축하여 이 정도의 국가수준을 이루고 있는데, 이제 우리는 20세기에서 21세기로 넘어가는 전환기에 비장한 각오를 하지 않으면 안 된다. 21세기는 지난 세기와 판이하게 다를 것으로 예측되고 있다. 새로운 세기에 선진대열에 낄 수 있도록 준비교육을 하지 않으면 안 된다. 세계적인 제자를 기르기 위해 세계적인 교사가 되어야 한다.

우리는 올바른 자아개념을 심어주어야 하는데 이를 위해서는 우리가 먼저 자기 자신에 대한 올바른 자아개념과 교직에 대한 긍지를 가져야겠다. 나를 올바로 보고, 할 수 있다는 긍정적 자아개념과, 우리가 하는 일에 대한 자부심을 갖고 학생들 앞에 떳떳하게 설 때 학생들을 제대로 가르칠 수 있다. 헨리 칼슨과 쥐 이야기, 비둘기와 소년 이야기, 오크학교 이야기, 버나드 쇼의 꽃 피는 소년 이야기, 토정비결, 사주팔자 이야기는 모두 자성예언과 성취동기와 관련된 좋은 이야기들이다.

남이 나를 어떻게 보느냐도 중요하지만 내가 나를 어떻게 보느냐는 더 중요하다. 천하를 얻고도 '나'를 잃으면 모든 것이 허사이다. 가장 가까운 나를 찾고 나를 사랑하고, 나를 먼저 귀중하게 여겨야 한다. 그러면 그때부터 학생들을 보는 눈이 달라지고, 대하는 태도가 달라질 것이다.

우리는 가진 것이 없다. 가진 것이 있다면 나보다 훌륭한 제자를 길러내는 일이다. 나보다 훌륭한 제자를 길러낸 스승은 교사로서 또 인간으로서 성공적인 삶을 산 사람이다. 소크라테스-플라톤-아리스토텔레스의 만남은 멋있는 만남이다. 발전하는 자는 떠난다. 스승의 젖을, 스승이 파놓은 우물물을 흠뻑 마시고는 어디론가 떠나서 스승과 쌍벽을 이루는 또 하나의 대가가 되는 것이다. 겸허와 만공의 만남도 멋있는 만남이다. 스승을 위해서 기꺼이 죽겠다고 하고 또 제자를 잡아먹을 수 있는 사제관계라고 한다.

제자 없는 스승은 실패자다. 제자를 얻으려거든 제자를 두려워할 줄 알아야 한다. 그러한 스승의 인품이라는 향내를 맡고 벌과 나비라는 제자들이 몰려드는 것이다. 그러한 스승에게 제자들이 매달린다. 신은 나에게 무슨 힘을 주셨기에 제자들은 나의 팔에 매달리게 하는가?

교직은 국가를 지키는 최후의 보루이다. 교사를 믿지 못하면 국민은 더이상 희망을 가질 수 없다. 우리는 최후의 요새를 굳건히 지킨다는 믿음을 주어야 한다.

우리도 언젠가는 늙음이 찾아와 황혼을 맞게 될 것이다. 그때를 우리는 어떻게 맞이할 것인가? 하늘을 우러러 한점 부끄러움 없이 스승의 길을 걸었다고 자부할 수 있어야 할 것이다. 관 뚜껑을 덮었을 때 올바른 평가를 받을 수 있을 것이다. 이것이 행복한 '교직자의 생애'가 될 것으로 믿는다. (서울교원연수원, 중등교감자격연수, 강의 원고, 1999).

참고문헌

주삼환(1998), **우리의 교육 몸으로 가르치자**. 대전: 대교출판사.

주삼환(1998), **많이 가르치고도 실패하는 한국교육**. 대전: 대교출판사.

주삼환(1998), **변화하는 시대의** 獎學, 서울: 원미사.

Glasser. William(1992). The Quality School. Harper Perennial.

Liebeman. Myron. "Power and Policy in Teaching Education: Power and Professionalism in Teaching". Bulleteen of the School of Education. ed. Lewis A. Bayle. Indiana University. 40(Septeber. 1964). p.22.

Myers. Donald A. (1993). Teacher Power-Professionalization and Collective Bargaining. Lexington. Massachusetts: Lexington Books.

제Ⅲ부
교육의 질 향상을 위한 장학

14. 지식정보사회 교육을 위한 장학의 방향

산업사회로부터 지식정보사회로의 변화, 국내구조로부터 국제구조로의 변화, 또 장학의 철학적 변화, 장학환경의 변화 등으로 우리나라 장학은 지금 전환기를 맞고 있다. 권위주의적 장학으로부터 민주적-전문적 장학으로 확실히 변신하지 못함으로써 겪는 일종의 진통도 있다. 앞에서 조금씩 언급되었지만 우리나라 장학이 나아가야 할 방향을 몇 가지로 묶어서 제시한다.

첫째, 인간자원장학관(觀)과 장학문화의 형성을 들고자 한다. 장학 자와 그 파트너인 교사의 장학관이 교사의 잠재능력개발로 자아실현을 돕고자 하는 것으로 확실하게 바뀌어야 한다. 말대로만 되면 교사가 장학에 대하여 더 이상 거부감을 가질 필요가 없다. 교사가 장학을 당연한 것으로 수용하고, 나아가 자기발전을 위하여 장학을 필요로 하고 요청하는 장학문화가 형성될 것이다. 장학 자도 억지로 장학을 하려고 하기 전에 먼저 이러한 건전한 장학문화를 형성해야 한다. 장학을 통해서 스스로 배우고 성장하고자 하는 자율의 문화, 학습의 문화, 신뢰와 지원의 문화를 모두 장학문화에 포함시켜야 한다.

둘째, 장학 자 양성에 의한 장학의 전문화로 장학의 질을 먼저 향상시켜야 한다. 일정한 교육행정가·교장 양성과정을 따로 두어 장학·행정전문가를 양성하고 평생 장학전문직에서 봉사할 수 있도록 전문화해야 질 높은 장학을 할 수 있게 된다. 장학 자 중에서도 교장·교감과정·교과별 교육과정, 초·중등 단계별 방향으로 가야 살 것이다. 이렇게 양성한 다음 전문코스 간에 이동하지 않고 평생을 한 분야에서 장학하도록 되어야 한다. 물론 전문성에 해당하는 만큼 보수와 권위 등 대우를 해 주어야 한다. 장학의 질 향상은 우리나라 장학의 주요 과제의 하나이다.

셋째, 장학조직별로 기능을 분화·분담하는 방향으로 가야 할 것이다. 예를 들면 교육부는 장학기능을 살려 국가교육의 방향을 설정하고 교육의 질을 관리하는 기능을 하고, 시·도, 시·군 교육청의 장학은 지방교육정책과 행정, 교육과정개발, 교원양성과 연수, 연구에 관한 기능을 분담하고 학교에서는 수업장학에 초점을 맞춘 장학을 하는 식이다. 교육대학과 사범대학에서도 수업장학에 초점을 맞춰야 한다.

넷째, 다양한 장학 프로그램으로 장학의 개별화에 노력하여 각 교사에게 맞는 장학을 해야 한다. 임상장학, 마이크로티칭, 동료코치, 자기장학 등 다양한 장학 프로그램을 개발하여 교사의 요구에 맞춰주어야 효과를 거둘 수 있다. 이제 더 이상 획일적인 장학으로는 장학 자체가 성립될 수 없다. 장학의 개별화는 인간화를 위한 것이기도 하고 장학의 질 향상을 위한 것이기도 하다. 또 장학의 다양화는 장학의 중심이 학교·교실·교사에게로 이동하는 결과도 된다.

다섯째, 장학은 교사의 자율성과 자발성, 동기유발에 근거해야 한다. 교사의 권위도 인정해 주고 전문영역 내에서 자율적 결정을 하고 책임을 지고 자발적으로 참여하도록 동기유발되어야 한다. 교사의 필요에 의한 장학모형을 따르고 새로운 지식과 기술을 위한 연수에 스스로 참여하고 교사서클, 교사센터에서 스스로 성장하기 위해 노력하는 분위기를 만들고 또 제도화시킬 필요가 있다. 학습자 주도 학습의 논리와 마찬가지로 장학에서도 교사주도 장학이 요구된다.

여섯째, 장학 프로그램에 참여하고 스스로 노력한 교사에게는 반드시 보상을 해 주어야 한다. 그래서 자기성장을 위해 노력한 사람에게 장학적 보상체계가 따라주어야 한다. 그러나 무능하면서도 노력하지 않는 사람은 스스로 교직을 떠나야 한다. 장학은 노력하는 자와 노력하지 않는 자를 구별해 주어야 할 장학적 책임을 지고 있다. 장학에 참여하는 교사에게 장학적 혜택을 주는 방안을 강구해야 한다.

일곱째, 장학에서도 교육의 질, 교육의 수월성 추구에 모든 노력을 집중해야 한다. 모든 교육활동은 수월성 추구에 초점을 맞추어야 하는데 장학은 더욱 그렇다. 학습과 학습자에 초점을 맞추기 위해서 장학의 중요성이 더욱 강조되어야 한다.

이러한 방향이 옳다면 이제는 더 이상 말로 끝나지 말고 실천으로 옮겨야 한다. 전혀 새롭지 않은 것도 있으나 그 동안 실천이 안 되어 반복 제시된 것도 있다. 이제 이러한 장학의 방향에서 장학 자가 어떤 역할을 담당해야 할 것인가에 대하여 언급해야 할 필요가 있다.

1) 전환적 교육을 위한 장학담당자의 역할

장학담당자의 역할도 다양하다. 장학담당자가 누구냐에 따라 역할은 서로 다르고 다양하다. 교육감(장), 장학사, 교장 부장교사에 따라 역할이 다르다. 또 같은 사람이라도 하는 일에 따라 역할이 달라질 수 있다. 예를 들면 수업개선, 교육과정개발, 직원연수, 교사평가 등 하는 일에 따라 달라진다. 여기서는 장학담당자의 일반적인 역할에 대하여 언급하면서 새로운 장학의 방향에 맞추어 수행해야 할 역할에 대하여 약간씩 강조하려고 한다.

첫째, 지도자의 역할이다. 장학 전체를 지도력으로 설명할 정도로 장학에서 지도자의 역할이 강조된다. 다른 사람에게 영향을 주어 조직의 목표를 달성하는 것을 지도성으로 본다. 장학 자는 교육과정개발, 직원발전,

수업에 있어서 지도력을 발휘해야 한다. 1980년대를 미국에서는 지도성의 연대라고 할 만큼 장학에 있어서 지도력이 강조되었다. 지도력의 요소는 비전을 제시하고, 주도적이고, 자원이 되어야 한다. 테크닉, 인간관계, 교육, 상징성, 문화 도덕의 기술에서 지도력이 나온다고 설명하기도 한다. 최근에는 지도력 못지않게 추종자의 자발성과 주도성을 강조하기도 한다.

둘째, 촉진 자와 조력자의 역할이다. 교수행위를 촉진해 주고 여러 면에서 교사를 도와주고 조력하는 사람의 역할을 장학담당자는 수행해야 한다. 장학의 주요 기능이 '도움'이라면 조력자가 되고 조력의 위치를 잡아야 할 것이다.

셋째, 변화대리자(change agent)의 역할이다. 장학 자체가 변화를 위한 것이기 때문에 변화대리자가 되기도 해야겠지만 특히 최근에 교육개혁 교육혁신이 강조되기 때문에 장학자는 이러한 개혁과 혁신을 추진하여 교사와 학생을 움직여야 할 역할을 맡아야 한다. 교육개혁안은 발표로 끝나는 것이 아니다 장학으로 풀어야 한다.

넷째, 코치(coach)의 역할이다. 장학(supervision)이란 말의 어원에서 나오는 장학의 감독적 역할에서 코치의 역할로 바뀌는 것이다. 코치는 운동 팀의 코치를 생각하면 좋을 것이다. 운동코치를 수업코치로 바꾸면 된다. 최근에는 동료코치가 강조되고 있다. 동료교사끼리의 코치를 동료코치라고도 하지만 교장과 교감도 코치라는 생각으로 교사의 수업을 코치하면 동료코치가 된다.

다섯째, 상담자의 역할이다. 교사의 심리적 고민을 들어주고 해결해 주는 일이 필요한데, 지금까지 이 역할 담당자가 없었으나 앞으로는 교사상담을 공식화·제도화하여 활성화시켜야 한다. 특히 전문직적 상담에 중점을 두어야 하고, 상담자의 역할을 하려면 장학자가 고도의 상담전문 교육과 훈련을 받아야 한다.

여섯째, 조정자의 역할이다. 상하조직 사이의 조정, 수평적 영역과 분야 간의 조정 등이 장학자에게 필요하다. 미국에는 학교와 교육청에 조정자라는 이름의 장학 자리를 두고 있는 경우가 많다.

일곱째, 전문가 역할이다. 장학을 하기 위해서는 각각 전문분야의 전문가 역할을 수행해야 한다. 미국에서는 교과담당 장학자와 특수교육 등 전문영역 담당 장학자를 스페셜리스트라는 이름으로 부른다. 예를 들면 초등국장, 중등국장 등은 일반 장학직이다.

여덟째, 자문자(consultant) 역할이다. 장학자는 많은 부분에서 자문 또는 조언의 역할을 해야 한다. 자문이나 조언은 우리나라의 입장에서 보면 모두 간접적 장학의 느낌을 갖게 한다.

아홉째, 자원자(resource)의 역할이다. 장학자는 다른 사람이 필요로 할 때는 자원이 되어야 한다. 지적 자원, 기술직 자원이 되어야 한다. 실지로 미국에는 '자원교사'라는 이름의 장학직이 있다. 장학자는 교사가 필요로 하는 자원을 가지고 있어야 도와줄 수 있을 것이다.

열째, 연구자의 역할이다. 장학자는 계속 연구해야 도와줄 수 있고 때로는 교사의 문제, 수업의 문제 교육과정의 문제를 해당자와 공동으로 연구하거나 연구를 도와줄 수 있다.

열한 번째, 장학자는 모범자의 역할을 담당해야 한다. 장학자는 교사의 모델이 되고 존경의 대상이 되어야 한다. 교사가 동일시하고 참조하는 대상이 될 때 장학지도력은 강력한 힘을 갖는다. 교사에게 도덕적 지원을 해 주고 도덕적, 윤리적 지도력을 발휘할 때 장학자는 가장 강력한 힘을 갖는다.

이외에도 새로운 장학 자에게 더 많은 역할이 제시될 수 있다. 장학 자는 너무나 많은 새로운 모자를 써야 한다. 브럼버그와 그린필드(Blumberg & Greenfield. 1980)는 교장의 역할로 ① 행정가 ② 조직자 ③ 가치판단 자 ④ 진정한 도우미 ⑤ 브로커 ⑥ 인본주의자 ⑦변화촉매 자 ⑧ 합리주의자 ⑨ 정치가를 들면서 『효과적인 교장(Effective Prin- cipal)이란 책을 구성하고 있다. 한 사람의 교장이 이런 많은 역할을 수행하게 된다.

열두 번째, 관리자와 평가자의 역할도 중요한 역할인데 지금까지 우리나라의 장학에서는 일반적으로 부정적으로 비쳤던 역할이다. 그러나 이것도 피할 수 없는 역할임에 틀림없다. 또 지시하고, 명령하고, 확인하는 일과 역할도 장학에서 전혀 필요 없는 것은 아니다. 필요할 때에는 이런 역할을 해야 한다. 과거의 장학을 무조건 잘못된 것으로 매도하는 것 자체도 잘못이다. 다만 역할과 기능의 강조점이 점진적으로 변화되도록 노력해야 한다.

앞으로의 장학은 확실히 교사에게 도움이 되어야 한다. 교사에게 실질적인 도움을 주지 못하면 장학은 무의미하게 되고 또다시 존재이유에 위협을 받게 된다. 교사에게 실질적 도움이 되는 것에서 한 발짝 더 나아가 실지로 수업개선과 교육의 질 향상에 기여해야 한다. 아무리 많은 역할을 수행해도 교사에게 도움이 되지 않고 교육의 질 향상에 기여하는 바가 없으면 이름뿐인 장학이 된다. 새로운 장학의 방향에 맞는 새로운 장학역할이 기대된다.

15. 교내 동료장학 방법

1) 서 론

이 서론 부분에서는 연구의 필요성과 목적, 연구방법에 관하여 간단히 기술하고자 한다.

(1) 연구의 필요성과 목적

20세기에서 21세기로 넘어가면서 동시에 산업사회로부터 지식정보사회, 문화예술사회로, 전환하는 전환기에서 교육의 중요성은 더욱 강조되고 있다. 산업은 공장에서 일으켰지만 지식정보와 문화예술은 학교에서 교육을 통해서 가능해지기 때문이다. 그래서 선진국들은 21세기 지식정보, 문화예술 사회에서도 계속 주도권을 잡기 위하여 교육에 집중 노력하고 있다. 교육의 질에 국가의 운명을 걸고 있는 것이다.

교육의 질은 곧 수업의 질이라고 할 수 있다. 각 나라의 수업의 질이 국가의 미래를 결정한다고 해도 지나친 말이 아니다. 수업이라는 것은 어떤 교육환경 속에서 교사와 학생 사이에 교육과정을 중심으로 상호작용하는 것이라고 할 수 있다. 그래서 수업의 질을 높이려면 교사, 교육과정, 학습환경에 어떤 변화를 주어 학생의 학습행위를 변화시켜 학업성취와 학습결과를 향상시켜야 한다. 바로 이것이 장학의 궁극적 목적이다. 그런데 수업을 이룩하고 있는 교사, 교육과정, 학습 환경, 학생이라는 주요 변인 중에서도 가장 중요한 변인은 교사라는 변인이다. 우수한 교사만 확보할 수 있다면 교육과정과, 학습 환경까지도 극복할 수 있다고 보기 때문이다.

　그런데 지금까지는 수업개선을 위해서 장학을 강조하면서도 실질적으로 장학이 뒷전으로 밀려나가거나 장학을 한다고 하더라도 상급자, 상부중심의 장학이 되어 교사는 장학의 대상, 장학의 객체나 피동체로 보게 되어 장학의 효과성을 거두기 어려웠다. 교사들이 장학에 대하여 거부감까지 나타냈던 것이다.

　최근에는 교사의 수업개선을 직접적으로 도와주기 위하여 교내장학, 수업장학에 비중을 두고 있지만 교사들 스스로 수업개선에 노력하고자 동기유발시키지 못하면 여전히 장학은 실패하게 된다. 교사 스스로 장학하고자 하게 하는 장학형태가 바로 동료장학, 자기장학이다. 특히 교직이 진정 전문직이라면 전문성과 동료의식, 자율성에 바탕을 둔 동료장학과 자기장학이 강조되어야 하는 것이다.

　그래서인지 최근에 외국에서도 동료장학이 강조되고 있다. 동료장학이라고만 해도 감독의 냄새가 나고 상하 의식이 남아 있다고 하여 아예 이름 자체를 동료코치(peer coaching. collegial coaching)라고 이름을 새로 지어 부르고 있다. 운동코치 하듯이 수업에 관하여 교사동료간에 서로 고치하고자 하는 것이다.

　전문직의 특성상 상하간의 조력관계보다는 동료간의 조력관계가 더 알맞은 것이다. 그리고 상하관계가 싫다면 동료간에 동료의식을 갖고 협동적 노력을 하여 더욱 전문성을 신장시켜야 한다는 논리 때문에 동료장학과 동료코치는 설득력이 있다.

　동료장학과 동료코치의 필요성은 인정한다 하더라도 아직 우리나라에서는 이러한 분위기가 성숙되지 못한 점이 있다. 그래서 이 연구에서는 동료장학을 활성화시키기 위한 방안을 모색해 보고자 한다. 이 연구의 구체적 목표는 다음과 같다.

　① 동료장학의 개념, 논리 등 이론적 근거를 고찰한다.

② 동료장학의 가능한 여러 형태를 제시하고자 한다.

③ 동료장학을 위한 여건과 학교문화 형성방안을 모색한다.

④ 동료장학의 실제 과정(단계)을 기술해 보고자 한다.

⑤ 동료장학에서 교장의 역할과 행정지원 사항을 검토하고자 한다.

(2) 연구방법

이 연구는 경험적 연구의 전 단계로서 주로 문헌연구에 해당된다. 현 시점에서의 기술을 다루는 수준(a state of art)에 해당된다. 문헌자료는 ASCD(Association for Supervision and Curriculum Development) 자료를 사용하였다. 그 외에 장학론 문헌을 참고한다. 그리고 부분적으로는 현장학교 교사들과의 면접을 통하여 실현 가능한 방안을 모색하였다. 그 동안 여러 교원연수원 강의에서 제시되었던 방안들도 확인하여 여기에 포함시켰다.

2) 동료장학(코치)의 개념과 여러 형태

동료장학(코치)의 개념과 형태는 아주 다양하다. 명확하게 정의하기도 어렵지만 가능한 한 이 논문에서 사용하고자 하는 개념을 정의하고, 있을 수 있는 몇 가지 형태를 제시하고자 한다.

(1) 동료장학(코치)의 개념

교직을 고독한 직업이라고 한다. 현대의 직업으로서 계획-실천-평가의 일의 전 과정을 교직에서 처럼 혼자서 처리하는 직업은 거의 없다. 교사들만 일의 시작에서 끝까지 혼자서 처리하게 된다. 동료교사들끼리 서로 만나고 상호작용은 하지만 막상 교사의 주업인 가르치는 일에 관하여 서로 상의하고, 타교사의 수업을 관찰하고 협동적으로 일하는 경우는 극히 드물다. 수업하기 위해 교실에 들어가면서 교실 문을 닫아버리면 모든 것이 단절되고 만다. 막상 모르는 것이 있고 문제가 있어도 그릇된 자존심을 내세워 동료와 상의하지 못하고 모르는 채 그냥 넘어가기 쉽다. 이제 교사 간, 교실간의 이런 벽을 허물고 동료교사 간에 협동할 수 있는 제도적 장치를 하여 수업의 질을 개선하고 교직의 전문성을 신장시키기 위하여 노력할 필요가 있다. 이들 노력의 하나가 동료장학(코치)이다.

특히 전문직은 동료의식에 기초한 동료간의 협동을 특징으로 한다. 동료적 협동에 의하여 계속 상호 성장하려는 직업이 바로 전문직이다. 교직이 진정 전문직이라면 앞으로 이러한 동료장학과 같은 협동적 노력에 집중할 필요가 있다.

장학과 코치를 구별하기는 어려우나 구태여 구별하자면 힘과 관계성에 있어서의 균형감에서 그 차이를 찾을 수 있다. 행정가 또는 상급자에게 힘의 비중이 주어지고 장학조직에 교사가 공식적으로 포함되지 않으면 장학 쪽으로 기울어지고, 팀 정신에 의하여 상호 협력적으로 새로운 기술을 연마하려고 한다면 힘과 관계성은 균형을 이루게 되는데, 이런 경우 코치 쪽으로 기울어지게 된다. 코치는 상호 연구라고 할 수 있다. 장학에는 평가적 요소가 내재되어 있지만 코치에서는 평가적 요소가 배제된다. 운동 팀, 요리, 서예, 예술분야에서의 코치를 생각하면 수업에서의 코치를 이해하는데 도움이 될 것이다. 코치가 반드시 교사 간에만 이루어지는 것은 아니지만 여기서는 주로 동료교사 간에 이루어지는 코치를 생각하는 게 좋겠다. 즉 교장도 장학이란 의식 없이 순수하게 코치한다는 자세로만 임한다면 동료코치로 볼 수 있는 것이다. 그러나 이렇게 구별할 수는 있겠지만 이 논문에서는 동료장학과 동료코치를 유사개념으로 생각하여 서로 엇갈리면서 쓰고자 한다.

이런 생각을 바탕으로 하여 동료장학(코치)을 정의하면 '둘 이상의 동료 전문교사들이 현재의 교육실천을 반성하고, 새로운 교수기술을 확장·정련·형성하고, 동료 상호간에 서로 가르치고, 교실 내 수업을 연구하고, 현장의 문제를 해결하기 위하여 협동적 노력을 하는 신뢰적 과정'이라고 할 수 있다(Robbins. 1991. 1).

동료코치에서는 평가적인 일을 하지 않는다. 그리고 교사의 잘못을 고치기 위한 전략이나 치료적 활동을 하려는 의도를 갖고 있지 않다. 오히려 수업과 교육과정에 대하여 피드백을 증대시켜 주는 쪽으로 활용하고 있다. 동료장학(코치)은 교수기술과 교수관련 지식을 협동적으로 개발하고, 정련하고, 공유하는 데 초점을 맞춘다.

(2) 동료장학(코치)을 해야 하는 이유

동료장학을 활성화시켜야 하는 논리적 근거는 무엇인가? 왜 동료장학이 강조되어야 하는가? 이 점에 대하여 좀더 살펴볼 필요가 있다.

첫째, 교직에서 교사들의 고립을 줄이기 위해서 동료장학이 필요하다. 전통적으로 교사들은 수업 시에 교실 문을 닫고 나면 모든 것이 단절된다. 다른 교사의 잘하는 점을 배울 수도 없고, 다른 교사에게 자신의 좋은 수업기술을 가르쳐 줄 수도 없다. 교사들이 발전하기 위해서는 동료적인 방법으로 서로 관계를 맺고 서로 지식을 나누어야 한다.

둘째, 교사로 하여금 서로 아이디어를 나누고 도움을 주고받을 수 있는 협동적 규범을 형성할 필요가 있다. 의사나 변호사 등 다른 완전 전문직에서는 협동적으로 일을 하고 서로 조언과 조력을 주고받는다는 것이 하나의 동료적 규범으로 되어 있는데 교직에서는 서로 수업을 관찰하고, 상호 교실을 방문하는 것이 오히려 편안하지 못한 것으로 느끼고 있다. 이제 교사들이 하는 일에 대하여 정기적으로 반성하고, 분석하고, 다듬고, 함께 일하는 협동적 규범과 문화를 형성하여 다른 완전전문직 수준으로 발전해야 할 당위성이 있다. 교직에서 비밀주의의 벽을 허물면 허물수록 그 혜택은 학생들에게 돌아가게 된다.

셋째, 교사들로 하여금 수업상의 문제에 관하여 서로 의견을 나누는 하나의 공개토론장을 만들어 준다. 동료장학은 교사들보고 더 열심히 일하라고 하는 것이 아니라 보다 멋있게 일할 수 있게 해 주는 것이다. 수업시간을 절약하고 새로운 것을 재창조할 수 있고, 교사의 성장과 성숙을 앞당길 수 있게 한다.

넷째 성공적인 교육적 실천을 교사들 간에 공유할 수 있다. 다른 교사의 성공적인 교육실천을 축하해 주고 자신의 성공에 대하여 축하를 받는 속에서 교사들은 시행착오를 줄이고 발전할 수 있다. 그래서 가르치는 일 뿐만 아니라, 교육의 전 과정에서 개별학생에게 성공을 심어줄 수 있다.

다섯째, 교사들이 연수를 통해서 훈련받은 것을 교실 수업현장에서 전이시킬 수 있다. 동료장학은 연수가 과거처럼 단순히 연수로 끝나고 마는 게 아니라 실지로 교실 수업에 전이되고 활용될 수 있다. 동료장학 속에서 새로운 수업기술을 적용하고 또 서로 피드백 받게 된다.

여섯째, 교사를 단순한 가르치는 사람으로부터 연구자의 수준으로 격상시킨다. 동료장학 속에서 교사들은 연구적으로 수업을 계획하고, 연구적으로 실천하고, 또 자료를 수집하여 결과를 분석하고 수정하게 되어 연구적인 교사로 발전하게 된다. 동료장학의 과정을 체계적으로 기록·정리하면 훌륭한 현장연구 보고서, 수업연구 보고서가 될 수 있을 것이다.

일곱째, 교사로 하여금 반성적 실천을 할 수 있도록 격려한다. 교사들은 그 동안 수업 전후에 반성적 시간을 갖지 못했는데, 동료장학을 통해서 반성할 시간을 서로 갖고 서로 토의할 기회를 갖게 된다.

동료장학은 그 동안 교직사회에 팽배해 있던 고립의 규범과, 관료적 스케줄, 수업공개 공포의 장벽을 허물고 교직을 전문직으로 한 단계 격상시키는 계기를 만들어 줄 것이다.

지금까지 언급한 동료장학을 해야 하는 논리적 근거와 이유는 다른 측면에서 보면 동료장학을 실시했을 때의 이점이라고도 볼 수 있다. 그러나 그 동안 동료장학(코치)을 실시해 왔던 미국 교사들이 지적했던 구체적인 이점을 들어보면 다음과 같다(Robbins. 1991. 1.).

① 교직 전문적 기술에 대하여 향상됐다는 의식을 갖게 되었다.

② 자신의 수업을 분석할 수 있는 향상된 능력을 갖게 되었다.

③ 교수-학습에 대하여 더 잘 이해할 수 있게 되었다.

④ 수업전략의 레퍼토리가 광범하고 다양하게 되었다.

⑤ 자아효능감이 향상되었다.

⑥ 동료교사들과 강력한 동료적 유대감을 갖게 되었다.

⑦ 교수직무수행이 한층 향상되었다.

⑧ 학생들의 진보가 향상되었다.

⑨ 교육과정의 적용이 더 명확해졌다.

⑩ 보다 더 응집력이 강한 끈끈한 학교문화가 형성되었다.

⑪ 긍정적인 학교풍토가 되었다.

이러한 동료장학을 해야 하는 이유와 이점으로 볼 때, 그리고 현재의 우리나라의 여러 여건과 상황으로 볼 때 동료장학방법을 꼭 개발하여 정착시키고 성공시켜야 한다는 당위성이 성립된다. 이제 문제는 어떻게 동료장학의 발전을 위한 동료적 문화, 신뢰의 문화, 자율의 문화, 학습의 문화를 형성시키느냐에 있다. 이 점에 대해서는 뒤에서 좀더 자세히 살펴보기로 한다.

(3) 동료장학의 여러 가지 형태

동료장학(코치)은 2명 이상의 동료전문교사들이 협동적 노력을 하는 신뢰적 과정이라고 정의했었다. 그래서 동료장학은 2명의 교사가 짝이 되어 수업자·장학자(코치)의 역할을 하게 할 수도 있고, 3명이 짝이 되어 수업자, 장학자(코치), 참관자(관찰자, 평가자)의 역할을 담당하게 하는 방안도 생각할 수 있다. 그리고 여러 명이 하나의 동료장학 팀을 이루어 동료장학(코치)을 하는 방안도 있다. 초등학교에서는 동학년 교사들끼리, 중등학교에서는 동교과 교사들끼리 동료장학(코치) 팀을 이루게 할 수도 있다. 그러나 다른 학년, 다른 교과 교사들 사이에서도 마음만 맞고 또 도움을 주고받을 수 있다는 신뢰가 형성될 수 있다면 충분히 동료장학(코치)의 짝이나 팀이 될 수 있다는 것이다.

동료장학의 형태는 학교의 사정과 교사의 구성 형편에 따라 여러 가지를 생각할 수 있다. 둘 이상의 교사가 수업과 장학, 수업코치에 대하여 사전 협의하고, 수업관찰을 하고, 사후협의를 하면서 수업개선을 위해서 함께 일하기는 가능하다.

동료장학의 형태는 우선 공식적인 형태와 비공식적인 형태로 나누어 볼 수 있다. 공시적인 형태는 학교에서 동료장학의 형태로 공식화하고 인정한 것이고, 비공식적인 것은 단지 학교에서 공식화하지 않았을 뿐이지 장학의 효과 면에서는 큰 차이가 없다. 오히려 비공식적인 동료장학 문화 형성이 더 중요시될 수도 있다. 동료장학의 형태를 공식적인 것과 비공식적인 것으로 목록화해 보면 〈표 4〉와 같다.

<표 4> 동료장학(코치)의 여러 형태

공식적 형태	비공식적 형태
공식적 형태 초청교사 주도적 코치 협동적 코치 전문적 코치 공동교수계획 공동교수	비공식적 형태 문제해결 녹화 비디오테이프 분석 연구집단(study group) 교수실천 대화 나누기 현장연구 대화산책 교육과정 개발 교육자료 개발 범교과적 통합단원계획

먼저 공식적 동료코치(장학) 형태 다섯 가지에 대하여 간단히 언급하기로 한다.

① 초청교사 주도적 코치는 코치를 초청하는 수업교사가 수업관찰의 초점, 자료수집의 형태, 관찰 중 코치가 해야 할 행위에 대한 안내, 관찰한 수업에

대한 토의의 요소, 관찰 날짜와 시간 등을 결정하는 데 수업하는 초청교사가 주도적 역할을 하고 초청받는 코치는 단지 수업에 관한 자료만 수집해서 수업자에게 피드백 해 주어 수업에 대한 거울의 역할을 한다. 그래서 이를 자료수집적 코치, 거울적코치(mirroring chach)라고도 한다.

② 협동적 코치는 코치와 수업 자가 대등한 50:50의 관계 속에서 협동적 노력을 하는 코치라고 할 수 있다. 도움을 주고받는 관계와 힘의 균형적 측면에서 동등한 수준에서 동료의 짝과 팀이 한 덩어리가 되어 수업개선에 노력하는 것이다.

③ 전문적 코치는 코치가 수업하는 초청교사보다 높은 전문성을 가지고 있어 주도적 입장에서 교사의 교수기술 향상을 위하여 노력하는 동료장학의 형태이다. 전문성이 높은 교사코치가 전문성이 낮은 수업교사를 도와주는 동료장학의 형태라고 할 수 있다.

④ 공동교수계획의 형태는 교사들이 짝이나 팀이 되어 공동으로 학습계획이나 교육과정 단원을 세우고 실제 가르칠 때는 각각 따로 가르치는 동료장학의 형태이다. 초등학교에서 동 학년협의회, 중등학교에서 동 학년, 동 교과협의회를 통하여 공동계획을 세우고 수업은 각자 하는 형태와 같다고 볼 수 있다.

⑤ 공동교수는 계획만 공동으로 하는 것이 아니라, 실제 수업까지 공동으로 하는 형태이다. 공동교수는 팀티칭과 같다.

비공식적 동료장학의 형태는 공식적 형태보다 더 다양할 수 있다.

① 문제해결은 한 교사의 문제 또는 공동으로 해결해야 할 문제를 중심으로 문제해결을 해 나가는 과정이다. 문제해결 기법과 과정을 적용하고 밟아야 할 것이다.

② 녹화 비디오테이프 분석은 수업장면을 녹화했다가 이를 분석하여 수업기술을 향상시켜 나가는 형태이다. 수업녹화 분석만 잘 해도 많은 것을 반성하고 배울 수 있을 것이다. 자신의 수업, 타인의 수업 모두에서 많은 것을 배울 수 있을 것으로 생각되어 이를 현장에서 권장하고 싶다.

③ 연구 집단은 흔히 말하는 스터디 그룹(study group)을 우리말로 번역한 것으로 교사들이 스스로 집단을 만들어 공부하고 연구하는 형태이다. 학생

들이 스터디 그룹을 만들어 스스로 모여서 공부하듯이 교사들도 비공식적 공부집단을 만들어 공부하고 연구해야 하는 것은 너무나 당연하다.

④ 교수실천 대화 나누기는 교사들이 비공식적으로 만나, 실제 가르치는 문제를 주제로 이야기를 나누고 의견을 나누는 것이다. 이러한 학교문화가 형성되면 교사들은 알게 모르게 많이 성장할 것이다.

⑤ 현장연구(action research)는 수업실천에 대하여 가설을 형성하고 코치로 하여금 수업을 관찰하고 기록하게 하여 자료를 수집하고 이 자료를 통하여 가설을 검증하는 계획을 세우고, 자료를 분석하여 검증하고 논의하는 과정을 거치는 연구라고 할 수 있다. 관찰기록을 하나의 반성일지 식으로 정리하면 더 좋을 것이다 이 현장연구는 다른 형태보다도 과학적이고 계획적이며 치밀한 형태이지만 학교에서 동료장학의 하나의 형태로 공식화하지 않으면 비공식적 형태가 되는 것이다.

⑥ 대화산책은 좀 낭만적인 이름이 붙어 있지만 수업과 교육과정 문제에 관하여 동료적 대화를 하면서 교실이나 복도, 교정을 산책하는 멋진 장면을 연상해 보면 좋을 것이다. 이런 대화산책은 동료간의 신뢰형성에도 도움이 될 것으로 보는데 이것도 하나의 학교문화에 해당된다.

⑦ 교육과정개발은 교육과정 장학으로서 중요한데, 다만 동료장학의 한 형태로 공식화시키지 않으면 비공식적 형태에 속하는 것이다. 동료교사들이 공동으로 어떤 학교수준의 교육과정을 개발하는 것이다.

⑧ 교육자료 개발도 교육과정개발과 마찬가지로 협동적 노력으로 교수자료를 개발하는 것이다. 이것도 학교에서 공식화하지 않았을 뿐이지 아주 중요한 동료장학 중의 하나이다.

⑨ 범교과적 통합단원계획은 교과 간 통합단원, 다교과적 단원계획을 동료교사들이 협동적으로 하는 것이다. 앞으로 점점 더 이런 노력이 요청된다.

동료장학, 동료코치의 형태는 이상에서 제시된 것 이외에도 학교의 사정과 형편에 따라 무한히 개발해 낼 수 있을 것이다.

어쨌든 동료코치는 수업전략, 교육과정 내용, 학급관리의 실제, 특별한 어떤 구체적인 학생문제, 특정의 문제점, 발문법이나 고등사고력 신장의 기술 등 다양한 내용을 다루게 된다. 이러한 동료코치는 때와 장소를 한정

할 필요도 없고 인원수와 구성에 있어서도 두 명 짝, 세 명 짝, 팀, 동
학년 교사, 동 교과 교사, 선·후배 사이, 순수한 동료 등 아주 다양하게
할 수 있다. 동료코치에서 교사들은 기술적, 반성적, 연구적, 협동적, 학
습자가 된다. 교사는 이러한 학습자가 되어야 훌륭한 교수자가 될 수 있을
것이다. 교사는 전문가 동료로부터 보다 많은 좋은 것을 배울 수 있고, 또
배워야 하는 것이다.

3) 동료장학을 위한 학교문화와 전제조건

동료장학이 바람직하기는 하지만 이를 도입하고 실천하여 성공을 거두려
면 이를 가능하게 하는 학교문화가 먼저 형성되어야 한다. 그래서 동료장
학 프로그램을 성공시키려면 학교문화에 대하여 깊이 생각해 봐야 한다.
동료장학의 철학에 절대적인 학교문화와 환경에서 동료장학을 실시하기는
극히 어렵기 때문이다.

동료장학은 동료교사들이 스스로 가르치기 위하여 다른 교사와 함께 이야기
를 나누고, 경험을 공유하고, 서로 영감을 불어넣어 주고, 함께 일하는 과정
이기 때문에 무엇보다 동료의식이 요구된다. 이것을 단토니오(Dantonio.
1995)는 동료의식 씨앗(the seeds of collegiality the collegial seeds)이라
고 하였다. 동료장학을 위해서는 먼저 동료문화가 형성되어야 한다. 이 씨앗
과 싹의 하나는 협동성(collaboration)이다. 이 협동성에 의하여 교사들은 학
교에 팽배되어있는 고립의 벽을 허물어야 한다. 협동성은 교사의 계속적 성장
에 필요한 창의적 영감을 불러일으키기 위한 자기계발을 보장해 준다.

두 번째 씨앗은 자기지시성(self-direction)이다. 교사 자신의 개인적 성
장, 전문적 성장의 여행에 대하여 책임의식을 갖고 또 소유의식, 애착을
가져야 한다. 자기지시성은 교사들이 기계적 교사가 될 수 있는 능력을 갖
추고 있다는 것을 알고, 또 동시에 자기발전을 위하여 다른 교사들을 도와

줄 수 있는 지도적 재능을 갖고 있다는 것을 안다는 의미이다. 자기지시성과 비슷한 것이 자율성이다. 동료장학은 교사들이 자기성장을 위해서 스스로, 자율적으로 하려고 해야 한다. 강요에 의한 동료장학은 효과도 없고 의미도 없다. 동료장학을 위해서는 자율의 문화가 형성되어야 한다.

신뢰는 동료장학을 위한 세 번째 동료의식의 묘판이다. 자기 자신의 개인적 성장과 전문적 성장을 할 수 있다는 자기신뢰와 기꺼이 교수발전을 위해 공동으로 노력하고자 하고 발전을 위해서 강점을 서로 공유하고자 하는 다른 교사에 대하여 신뢰하는·타인신뢰가 동시에 있어야 동료장학은 성공할 수 있다. 다른 교사와 온화한 관계, 신뢰의 관계를 수립하는 교사야말로 동료적 연결과 결합의 주춧돌을 놓는 사람이라고 할 수 있다. 동료장학을 통하여 틀림없이 도움을 받고 또 도움을 주어 상호 발전할 수 있다는 강한 신뢰가 바탕이 되어야 자신의 강점뿐만 아니라, 결점, 약점, 비밀까지도 서로 개방할 수 있는 것이다.

헌신성은 동료적 씨앗의 네 번째이다. 동료장학도 마음에서 우러나서 자신도 성장하려고 하고 또 다른 사람의 성장을 위해서도 기꺼이 도와주고자 해야 성공할 수 있다. 자기발전을 위하여 기꺼이 시간과 노력을 바치고자 해야 한다.

여기에 필자가 하나 더 추가한다면 학습의 문화라고 할 수 있다. 동료장학은 교사들이 학습하려고 한다는 데 기초하고 있다.

교사는 남을 가르치는 일을 직업으로 하고 있기 때문에 가르치는데 익숙해져 있고 또 습관적으로 남을 가르칠 생각부터 하게 된다. 그런데 중요한 것은 배워야 가르칠 수 있다는 사실이다. 교수가 먼저가 아니라 학습이 먼저이다. 동료장학은 동료간에 학습하자는 것이다. 교사들이 학습하고자 하는 열망으로 가득 찬 학교문화가 요구된다.

그런데 이런 협동, 자기지시(자율), 신뢰, 헌신, 학습의 문화는 동료장학을 위한 사전조건, 출발점도 되지만 반대로 동료장학의 목표(점)도 된다는 것이다. 동료장학을 통해서 이를 달성하고자 한다는 것을 알아야 한다.

동료교사들은 공동의 비전을 공유할 필요가 있다.

동료장학을 조장하는 학교문화의 조건을 리버만과 밀러(lieberman & miller. 1992)는 5가지로 요약하고 있다.

① 동료의식, 개방성, 신뢰의 규범
② 체계적인 탐구의 기회와 시간
③ 상황에 맞는 내용에 대한 교사의 학습
④ 지도자 역할의 재건
⑤ 네트워크, 협동, 연합

이들 조건의 하나하나는 성공적인 동료장학의 프로그램 설정에 필수적인 것들이다. 이러한 학교문화의 조건 외에 동료장학은 다음 다섯 가지 전제 조건에 근거해야 한다.

첫째, 그 어느 누구도 다른 사람의 교수행동을 강제로 변화시킬 수는 없다. 자기의 교수행동을 바꾸는 것은 그 사람 자신에게 달려있다. 동료장학은 교사의 자발성, 자율성, 헌신성, 동기유발에 근거해야지 강제와 강요로는 불가능하다. 장학 자나 코치는 촉진자, 상담자, 면접자로서 행동해야지 강제로 교수행동을 변화시킬 수 있는 힘을 갖고 있는 것은 아니다.

둘째, 수업개선은 교수행동에 대한 객관적 보고, 기술적 보고에 의존하게 된다. 교사는 타고난 것이 아니라 개발된 것이고, 교수행동도 분석될 수 있는 것이다. 동료장학에서는 교사의 노력을 지원하는 것으로 보여야 할 뿐만 아니라 수업관찰에 정통한 것으로 보여 져야 한다.

셋째, 동료장학과 코치는 지속적이고 반성적인 의사결정의 과정이다. 수업개선은 끝이 없는 계속적인 과정이다. 그리고 하나하나가 반성적인 행동을 하는 과정이고, 개선을 위해서 하나하나 대안을 제시하고 결정을 해 나가는 과정이다.

넷째, 학교 공동사회에서 교육자들 간에 협동적 노력을 한다는 것은 하나의 매력적인 과정이다. 교사들이 자신들이 가지고 있는 잠재적 재능을 개발하는 것을 매력적인 일로 생각해야 한다. 동료장학은 이러한 전제하에서 출발한다.

다섯째, 교사들이 협동적으로 공동 노력할 수 있는 시간을 학교 스케줄에 포함시킬 만큼 충분히 중요한 시간이다. 동료장학은 집중적 시간을 요하는 전문적 발전활동이다. 이 귀중한 시간과 활동을 하찮게 여긴다면 동료장학은 성립될 수 없다. 교수에 대하여 생산적인 탐구를 하려면 수업상의 문제를 해결하고 때로는 틀을 짜고, 협의회를 하고, 관찰하고, 반성하기 위해서 많은 시간과 공간을 필요로 한다.

이러한 전제조건이 충족되어야 동료장학은 가능해진다. 이러한 전제조건을 기본으로 하여 구체적으로 학교조직적인 변인과 적용해야 할 교사 개인 변인을 검토해 보면 더 좋을 것이다.

조직변인으로서 다음 11개의 질문을 해 보아 긍정적이라면 동료장학을 실시하기에 유리할 것이다. 만일 부정적이라면 이를 어떻게 긍정적인 것으로 바꿀 것인가를 먼저 연구해야 할 것이다.

첫째, 학교에 이미 형성된 동료의식 풍토가 상호의존성 풍토에 가까운가? 동료장학은 독립성보다는 상호의존성의 풍토에서 유리하다. ① 이야기 나누기와 아이디어 찾기 - ② 보조와 조력의 관계 - ③ 상호 공유 - ④ 공동작업에서 오른쪽으로 기울수록 동료장학에 더 유리하다.

둘째, 모험감행과 실험정신을 지원하고 지지하는 규범이 학교 내에 존재하는가? 교사들 사이에 모험감행성과 실험정신이 격려를 받아야 교사와 학교는 발전할 수 있고 동료장학도 성공할 수 있다. 이러한 학교문화의 형성이 가능한지 검토해 봐야 한다.

셋째, 교사들이 유쾌한 장학경험을 가졌는가? 과거의 불유쾌한 장학경험은 동료장학에도 불리하게 작용할 것이다. 우리나라 교사들이 지금까지 장학에 대하여 거부적이었던 것을 동료장학을 통해서 긍정적 경험으로 보상받을 수 있도록 바꾸어 놓아야 한다.

넷째, 학교의 과거 역사기록으로 보아 교사발전의 주제로 동료장학을 도입하고 다룰 차례가 되었는가? 직원연수의 주제나 슬로건으로 동료장학을 내세울 차례가 되었는지 생각해 볼 필요가 있다.

다섯째, 학교에 퍼져 있는 중핵가치는 무엇인가? 학교문화에서 개인주의보다는 공동작업, 아이디어 공유, 상호 지원적 분위기가 더 강조되는가? 교사들 간에 모임과 대화가 자주 이루어지는가?

여섯째, 지도자가 동료장학을 지원하는가? 교장, 교육장, 교육감의 동료장학에 대한 지원이 가능한가? 비공식적 지도자의 지원도 중요하다.

일곱째, 현재 동료장학 이외에 다른 중요한 일이 학교에서 동시에 진행되고 있는 것이 있는가? 다른 중요한 일이 진행되면 동료장학에 관심을 돌리기가 어렵다. 현재 학교에서 진행되는 중요한 일이 있다면 그 일과 동료장학을 통합하여 함께 진행할 수 있는 일인가?

여덟째, 학교의 관료적 구조가 동료장학을 지원할 것인가 아니면 방해할 것인가?

아홉째, 학교에서 현존하는 협동적 구조는 무엇인가? 예를 들면 동 학년 협의회, 동 교과서클, 각종 위원회, 담임 부담임 짝, 팀티칭, 경력교사-미경험교사 짝 등의 협동적 구조가 있고, 또 그 활동이 활발했었다면 동료장학을 실시하기에 유리할 것이다. 학교의 협동적 문화를 ① 분열된 개인주의-② 주저하는 조력관계-③ 시도적 동료의식-④ 협동적 문화의 척도에서 오른쪽으로 기울수록 동료장학을 채택하기에 유리하다.

열째, 학교에서의 의사결정의 형태와 성격은 무엇인가? 공동의사결정 형태라면 단독의사결정 형태보다 동료장학에 유리하다.

열한째, 학교문화에서 융통성의 정도는 어느 정도인가? 융통성이 높으면 동료장학을 하기에 유리하다.

교사 개인변인으로 적절성, 가능성, 참여 여부 결정 가능성, 신뢰성 등을 검토해 볼 필요가 있다.

첫째, 적절성은 해당 교사의 과거의 경험으로 보아 동료장학을 하기에 얼마나 적절한지를 검토해 보는 것이다.

둘째, 가능성은 개인적으로 동료장학에 참여할 가능성이 있느냐를 검토하는 것이다. 그 교사의 시간이나 그 교사의 철학으로 보아 동료장학을 실시하기가 가능한지 검토해야 한다.

셋째, 참여 여부 결정 가능성은 교사 개인이 동료장학에 참여할 것인지 말 것인지 결정할 수 있는 권한이 주어져 있느냐, 없느냐의 문제이다. 교사에게 결정권이 주어지면 긍정적 결과를 가져오기 쉽다는 것이다.

넷째, 신뢰성은 앞에서도 이미 언급한 것처럼 동료장학 성립의 근본적 요소이다. 동료간에 신뢰가 없으면 모든 것이 끝장이다.

이러한 학교 조직변인과 교사 개인변인을 검토하여 동료장학을 계획, 실천하려고 해야 할 것이다.

4) 동료장학의 일반적 과정

동료장학은 학교현장에서의 계속적인 교사발전의 한 형태로서 전문적 발전을 위한 자기지시성을 촉진한다. 동료장학의 과정에 참여했던 교사들은 종종 이것을 '마력적'이라고까지 말한다. 여기서 마력이라는 것은 교수 재능 개발에 대한 생각이 자기들에게 기대되는 것이기 때문에 마지못해서 하는 일이라고 생각하던 것으로부터 학급과 수업을 위한 노력과 다른 동료교사와 함께 하는 노력에 대하여 긍정적 감정이 생겨나서 스스로 하는 일이라는 생각으로 바뀌었다는 의미이다.

동료장학의 일반적 과정은 앞에 제시된 여러 형태에 따라 달라질 수 있으나 기본적으로는 임상장학의 과정을 따르고 있다. 약간 차이가 있다면 두 가지를 생각할 수 있다. 임상장학에서는 원칙적으로 장학사나 교장이 교사의 수업행동에 대한 피드백을 제공해 주는 책임을 지고 교사는 외부 지시에 의하여 그 피드백을 해석하고 고칠 것은 고치게 되어 변화의 필요를 수업자 교사가 아닌 장학자가 주도권을 가지고 하게 된다. 그래서 교사는 내가 무엇을 변화시키기를 원하는가를 생각하게 된다. 장학자가 내 수업에 대하여 어떻게 생각할까라고 교사들은 걱정하게 된다. 그러나 동료장학에서 교사들은 나의 수업 실제에서 무엇에 초점을 맞춰 발전시켜야 할 것인가를 생각하게 된다. 또 내 수업개선을 위해서 어떻게 도움을 받을 것인가를 생각하게 된다. 동료장학에서는 이렇게 교사가 자기지시적, 자발적, 주도적이다.

또 하나의 차이는 동료장학에서는 교사들 스스로가 반성적 시간을 갖는다는 점이다. 장학을 받는 교사가 무엇을 고치고 변화시킬 것인가를 결정한다. 그리고 코치나 장학자를 믿고 하나의 동반자로 생각한다는 점이 임상장학과 약간 다르다. 동료장학 협의회를 갖기 전에 각자 반성하는 시간을 갖게 되고 이 반성 때문에 수업의 과정에 대하여 충분히 이해하고 내면화시킬 수 있는 결과를 가져올 수 있다.

임상장학의 과정이 관찰 전 협의회, 수업관찰, 분석과 전략, 관찰 후 협의회, 관찰 후 협의회 분석의 5단계와 이를 더 압축시킨 계획협의회, 수업관찰 피드백 협의회의 3단계로 되어 있는데, 동료장학도 이와 비슷하게 계획협의회, 수업관찰, 반성의 시간, 보고협의회의 과정을 거치게 된다.

(1) 계획임의의

계획협의회는 동료장학의 과정 중에서 가장 중요한 단계이다. 왜냐하면 이 단계에서 교사와 코치는 수업에서의 '문제점의 초점'을 잡아 모든 일에서 계획이 잘 되어야 나머지 단계의 일이 잘 될 수 있기 때문에 계획의 단계가 가장 중요하다. 계획협의회 단계에서 수업의 목적에 대하여 협의하고, 수업사건을 구체화하고, 단계화시키고, 수업과정에서 다룰 전략을 결정한다. 여기서 코치는 교사로 하여금 과업 집중 행위와 과업의 활동을 구체화시키도록 도와준다. 계획협의회는 교사가 수업하는 동안 코치가 특별히 관찰해야 할 것을 결정하고 또 교사가 수업을 효과적으로 개선하는 데 유용하게 쓰일 수 있는 자료를 어떻게 수집할 것인지를 결정하는 것으로 결론을 맺게 된다.

계획협의회의 목적은 동료적 결속의 형성과, 수업에 관한 지식의 형성으로 압축될 수 있다. 동료장학의 동반자로 코치와 교사가 함께 일하는 동안 서로 신뢰와 확신이 형성되어야 한다. 코치의 주요 목적은 수업의 상세한 내용을 알아보는 동안 교사들이 불안을 느끼지 않고 편안한 마음을 갖도록 도와주는 것이다. 동시에 계획협의회에서 동료장학 동반자들은 교수학습에 대하여 지식을 가질(형성할) 수 있는 기회를 갖게 된다. 여기서 동료장학 동반자들은 수업에 대한 리허설을 하게 되는 셈이다.

계획협의회에서 교사의 역할은 수업 중에 무엇이 일어날 것인지 결정하는 것이고 코치의 역할은 교사의 사고의 과정에 대하여 이해하는 것이다.

동료장학의 계획협의회 단계에서 다루어야 할 주요 주제, 또는 내용은 다음 넷으로 요약될 수 있다.

① 수업의 목적과 목표의 명료화
② 수업전략에 관한 결정
③ 수업관찰의 초점
④ 교사의 요구와 해야 할 모든 것에 관한 확인

계획협의회는 사정에 따라 다르나 20~30분 정도 걸리는 것으로 되어 있다.

(2) 수업관찰

수업관찰 단계에서 장학자나 코치는 계획협의회에서 구체화된 수업행동이나 학습행동을 관찰한다. 계획단계에서 합의된 자료수집 절차와 도구를 사용하여 관찰 초점과 관련된 정보를 기록한다. 물론 관찰도구 중 평가를 위한 체크리스트는 동료장학에서 수집된 자료를 교사평가의 목적으로 쓰게 되면 교사들은 위협을 느끼게 되고 더 이상 진실 된 동료장학을 계속 하기는 어렵게 된다.

관찰기록 시에 코치는 가능한 한 정확하게 객관적으로 관찰하고 기록하려고 해야지 자신의 관찰에 대하여 추측을 하거나 판단을 해서는 안 된다. 그리고 코치는 교사의 눈으로 보아 교사의 거울의 역할을 해 줘야 한다. 마치 운동코치가 운동 게임을 분석하듯이 수업활동을 분석할 수 있어야 한다. 말할 것도 없이 코치나 장학자는 수업관찰과 분석에 관한 방법과 기술을 계속 개발하고 익혀 나가야 한다. 수업관찰 시간은 대개 30~50분 정도 하게 된다.

(3) 반성의 시간

수업관찰 후에 교사와 코치는 각각 혼자서 교수 수행에 대하여 반성하는 시간을 보낸다. 반성시간은 두 장학 동반자들로 하여금 교수행동에 관한 통찰을 할 수 있도록 하는 데 꼭 필요하고 또 교수 재능을 개발하는 데 결정적으로 필요하다. 반성을 통해서 수업과 수업수행에 관한 교사연구에 들어가게 된다. 수업행위에 대한 반성을 통해서 교사는 교사의 교수행동과 학생의 학습 사이에서 중요한 관계성을 발견하게 된다. 또 계획된 수업과 관찰된 수업수행 사이의 관계성에 대하여 생각하게 된다. 반성시간을 가짐으로써 교사가 수업개선을 위해서 무엇을 어떻게 바꿔야 할지를 알게 된다. 수업상의 문제의 해결방안을 찾고 코치로부터 도움을 받아야 할 것이 무엇인가도 이 반성 시간을 통해서 알게 된다. 반성을 통해서 도전적 실천을 하게 된다. 반성의 시간은 사정에 따라 다르나 대략 15~20분 정도로 잡는다.

수업경험에 대한 반성은 교사발전에 가장 중요한 역할을 한다. 듀이(Dewey)는 반성이야말로 경험으로부터 학습하게 되는 가장 중요한 측면이라고 주장한다. 교사발전에 관하여 논의하면서 듀이는 반성적 사고는 교사들로 하여금 맹목적으로, 충동적으로 행동하기보다는 심사숙고적, 의도적으로 행동할 수 있도록 해 준다고 하였다(Dewey. 1938. 1).

경험을 위한 경험만으로는 장래의 수업행위를 위하여 어떤 정보도 주지

못한다. 바꾸어 말하면 사전경험에 대하여 어떻게 생각하느냐 또는 어떻게 반
성하느냐가 다음 수업실천에 영향을 줄 수 있는 것이다. 결국 반성하는 자만
이 발전할 수 있다. 반성적 실천이 곧 전문적 발전의 방법이 되는 것이다.

맥스 반 마넨(Mas van Manen. 1977. 205～28)에 의하면 반성도 세 수
준으로 나누어진다는 것이다. 첫째는 실천의 기술적(technical) 문제이다. 이
수준에서 교사는 수업의 결과보다 수단에 관심을 갖는다. 교사들을 발문기술
이나 학급관리와 같은 기술을 어떻게 사용하느냐에 주의의 초점을 맞춘다.

두 번째 수준은 교사의 가치로서 의사결정의 기반이 된다. 예를 들면 이
수준의 반성을 하는 교사는 ‘특정 수업실천에 대하여 내가 믿는 바는 무엇
인가?’와 같은 질문을 하게 된다. 모든 교육적 선택과 행위는 개인교사가
행동과 사건을 해석하는 능력에 그 뿌리를 두고 있다. 교사의 가치는 교사
가 무엇을 할 것인지, 어떻게 수행할 것인지를 궁극적으로 결정하는 일을
한다.

세 번째 반성의 수준은 지식의 가치의 문제, 사회조건에 중심을 둔다.
이 수준의 반성에서 교사는 수업실천과 학습산출 사이의 관계성을 깊이 심
사숙고한다. 이 수준의 교사들은 이 수업실천이 어떻게 학생의 지식, 태
도, 기능발전에 영향을 주는지 질문하게 된다.

반성은 수업목적, 교사발전, 학생에 대한 효과성, 협동적 의사소통에 대
하여 질문을 하면서 반성해 보면 좋을 것이다.

(4) 보고협의회

이 단계에서는 관찰한 것에 대하여 교사와 코치 동반자들이 서로 공유하
고, 코치를 받는 교사의 수업실천에서 변화에 영향을 주는 문제해결 과정
을 밟기 시작한다. 교사의 수업 레퍼토리에서 바꾸어야 할 변화를 위해서
동기유발 시키는 것은 교사가 그려내는 것 또는 이들 차이를 확인하고 이
해하려는 것이다.

이 보고협의회의 토론을 통하여 동료코치의 동반자들을 문제 상황에 대

하여 서로 지각한 바를 나누고 또 해결방안을 발견할 수 있을 것이다. 이 전문적 대화의 결과 코치를 받는 교사는 수업과정을 통하여 효과적으로 변화시킬 수 있는 정보를 얻을 수 있게 된다. 이 동료장학이나 코치의 여러 목표 중의 하나는 교사로 하여금 수업전달에 있어서 전문가가 되도록 하는 것이다. 보고협의회를 하는 동안동료장학의 동반자들은 효과적인 수업전달 상의 구체적 상황적 측면을 탐색하는 것은 물론이고 수업실천에 대한 문제를 해결할 수 있게 하는 것이다.

보고협의회는 요약하자면, 계획과 실제의 차 진술, 교수행위 분석, 해결 방안과 효과성 창출의 세 단계를 밟게 된다.

첫째, 계획과 실제의 차 진술은 수업에서 계획된 것, 기대했던 것과 실제 수행된 것을 각각 검토하여 계획과 실천의 차를 진술하는 과정이다. 이 단계에서 코치가 질문해 봐야 할 것은 다음과 같다.

- 수업에서 무엇이 이루어지기를 기대했는가?
  수업에서 무엇을 하려고 계획했는가?
- 실제 수업을 할 때 어떻게 이루어졌나?
- 어떤 이슈에 초점을 맞추려고 했나?
  왜 그 이슈에 초점을 맞추고자 했나?
  보고협의회 토의로부터 무엇을 얻고자 하는가?
- 선생님이 예상했던 것과 실제 수업했던 방식이 어떻게 달라졌나?
  선생님의 수업행위에 차이가 있던 점은 무엇인가?
  선생님이 생각했던 점은 무엇인가?
  원래의 계획과 달리 변경시킨 이유는 무엇인가?
- 선생님이 예상했던 것과 달라진 학생의 행위는 무엇인가?
  왜 학생들이 그렇게 반응했다고 생각하는가?

둘째, 교수행위 분석은 수집된 객관적 수업관찰 자료를 분석하는 것이다. 전문직은 객관적 자료에 근거하여 과학적, 연구적으로 직무 수행하는 것을 특징으로 한다. 교직도 전문직이라면 수업수행에 관한 객관적 자료를 수집하여 과학적으로 분석함으로써 '행위에 대한 반성(relieetion in action)'을 하고 이렇게 함으로써 발전할 수 있는 것이다.

이 단계에서 코치가 해야 할 질문들을 제시해 보면 다음과 같다. 수입에 대한 수업자의 자평도 이에 포함될 수 있다.

- 수업 중에 선생님이 잘 했다고 느끼는 것은 무엇인가?
  선생님이 그렇게 할 필요가 있다고 생각하는 이유는 무엇인가?
- 선생님이 다루기 곤란했던 문제는 무엇이었는가?
  왜 다루기 곤란했거나 하고자 했던 대로 효과적으로 다루지 못했다고 생각하나?

셋째, 해결방안과 효과성 창출의 단계는 앞 단계의 분석을 통하여 문제점에 대한 해결방안을 찾는 마지막 단계이다. 결국 동료장학도 이것을 찾기 위해서 시작한 것이므로 동료장학의 결론에 해당된다고 할 수 있다. 앞으로 교사가 고쳐야 할, 바꾸어야 할 대안을 찾는 것이 이 마지막 단계이다.

여기서 코치가 질문해야 할 내용을 예시하면 다음과 같다.

- 선생님에게 어떻게 문제가 되는 상황이거나 문제가 되는 경험이었나?
  왜 선생님을 괴롭혔는가?
- 왜 선생님은 변화시켜야 한다고 생각하나?
  만일 변화시킨다면 학생, 선생님, 앞으로의 수업에 어떤 결과가 나타날 것이라고 생각하나?
  왜 이런 변화가 선생님에게 중요한가?
- 이런 변화를 어떻게 실행하려고 계획하는가?
- 어떤 문제에 부닥칠 것이라 생각하는가? 왜 그렇게 생각하나?
- 이런 변화로부터 어떤 이익을 볼 수 있나?
- 이런 변화를 실행하여 어떻게 그런 이익을 얻을 것이라고 생각하나?
- 어떤 기술과 실천을 계속 유지하고 싶어 하는가?
  왜 그런 기술과 실천을 유지하고 싶어 하는가?
- 이런 실천이 선생님의 수업수행에 어떻게 영향을 줄 것이라 생각하나?

- 이들 실천이 수업과, 학생학습, 앞으로의 교수 레퍼토리 개발의 목표
  에 어떻게 영향을 줄 것이라 생각하나?
  다음 협의회에서는 무엇에 초점을 맞추기를 원하는가?
  다음에 언제 또 만나 협의하기를 원하는가?

(5) 동료장학과정의 요약

지금까지 동료장학의 일반적 과정에 대하여 살펴보았다. 그 과정은 계획협의회, 수업관찰, 반성의 시간, 보고협의회의 4단계였다.

첫째, 계획협의회에서 교사는 주로 계획을 말하고 코치는 듣는 입장을 취하게 되고 이것은 본격적인 동료코치 활동 이전의 사전활동이라고 할 수 있다.

둘째, 수업관찰은 수업 중에 이루어지는 것으로 교사는 가르치는 일을 하게 되고, 코치는 주로 수업관찰을 하게 되고, 여기서는 상호작용적 활동을 하게 된다.

셋째, 수업관찰 후 반성의 시간에는 교사가 주로 반성을 하고 자신의 수업에 대하여 자평(自評)에 해당하는 평가를 하는 입장이 되고 코치는 이를 정당화, 타당화하는 역할을 하게 되어 전체적으로 반성적 활동을 하게 된다.

넷째, 반성 후 보고협의회와 그 이후에는 교사는 주로 대안의 적용에 관심을 두고, 코치는 자문·상담의 역할을 하게 되고 앞으로의 전망적 관점을 가져야 한다. 이를 요약하면 〈표 5〉와 같다.

<표 5> 동료장학의 일반적 과정

시기	단계	교사의 역할	코치의 역할	활동단계
1. 관찰 전	계획협의회	계획	청취	사전활동
2. 수업 중	수업관찰	교수	관찰	상호작용
3. 관찰 후	반성의 시간	반성, 평가	타당화	반성적
4. 협의 후	보고협의회	적용	자문	전망적

5) 동료장학에서의 교장 역할

동료장학 노력의 성공·실패 여부는 전적으로 교장에게 달려 있다고 할 만큼 동료장학에서 교장의 역할은 결정적으로 중요하다. 교장은 동료장학에서 상징적 자원과, 표면적 자원의 두 역할을 한다. 상징적으로 교장은 ① 동료장학 과정을 모형화함으로써, 동료장학을 위한 철학적 지원을 보여 줄 수 있다. ② 또 교사들이 동료장학을 하는 동안 그 교사들의 수업을 대신해 주는 대체교사의 역할을 해줌으로써 ③ 코치나 장학을 위한 시간과 다른 자원을 제공해 줌으로써 ④ 동료코치의 정신을 강화해 주는 모험 감행과 같은 학교 내 규범을 형성해 줌으로써 ⑤ 코치활동을 위하여 예산배정 항목을 개설해 줌으로써 그리고 ⑥ 코치의 실천과 경험에 대하여 토의하기 위한 직원회의 의사일정을 중요한 시간대에 잡아줌으로써 동료장학을 위한 철학적 지원을 보여 줄 수 있다.

교장은 동료장학에서 이와 같은 상징적 지원 이외에 보다 명시적이고 표면적인 역할을 담당할 수 있다. 교장이 할 수 있는 역할 중에는(교장 자신이 직접) 코치, 초청교사, 프로그램의 조정자, 프로그램지원자, 촉진 자, 프로그램 대표자 등이 있다.

교장 자신이 직접 코치 역할을 담당할 때 교사가 교장을 코치로 해도 편안함을 느끼는 교사로부터 코치 초청을 받게 된다. 또 교장은 교감이나 다른 교장들을 코치해 줄 수도 있다.

이번에는 반대로 교장이 수업하는 초청교사 역할도 할 수 있는데, 수업하기 위하여 한 학급을 빌려 달라고 할 수 있다. 이런 때 다른 교사가 교장을 위한 코치의 기능을 수행하게 된다. 이렇게 되면 코치활동에 더 신뢰와 신빙성을 갖게 되고, 또 교장도 코치에서 요구되는 어떤 통찰력을 갖게 된다.

프로그램 조정자로서의 역할에는 코치 스케줄과 대체교사를 조정하는 일을 하게 된다. 이에 대하여 요청에 의하여 동료코치 동반자구성을 촉진하는 역할을 한다. 프로그램 조정자로서 교장은 관련 논문이나 관찰양식 등 필요한 자료를 복사해 주고 비디오 녹화, 오디오 녹음 담당을 배치하고, 그 외 동료장학 프로그램을 관리하는 데 필요한 일들을 담당하게 된다.

교장은 또 동료장학 프로그램 지원자 또는 촉진자로서 역할과 기능을 할 수 있다. 동료코치에 관한 연구보고서나 실천관련 논문을 제공해 주고, 코치를 위한 코치로서 또는 코치를 위한 연수제공자의 역할을 할 수 있다. 또 토의나 문제해결, 연구 집단을 위하여 촉진자로서 활동할 수 있다.

마지막으로 교장은 프로그램 대표자로서 역할을 담당해야 한다. 동료코치 활동의 중요성에 대하여 교내 개인의 주의집중을 모으기 위해 교장은 문화적 축하의식을 이끌어 나가거나 증진시키는 역할이 필요하다. 교장은 학교의 대표자로서 외부로부터 동료장학을 방해하려고 하는 힘을 제거하고 동료장학에 열중하는 개인교사들을 보호해 줘야 한다. 학부모나, 교육위원, 학생, 직원 등 이해집단 중에서 동료코치에 대한 이해와 지원을 얻어내기 위하여 대인관계와 홍보에 힘쓰는 역할을 해야 한다.

학교교육은 전적으로 교장에게 맡겨져 있다. 교사들은 스스로 협동적 노력에 의하여 교수기술을 향상시키고 수업을 개선하려는 목적을 가진 동료장학의 성패는 전적으로 교장에게 달려 있다. 동료장학에서도 교장의 역할은 절대적으로 중요하다.

6) 요약정리

동료장학이란 동료전문교사들이 현재의 교육실천을 반성하고 새로운 교수기술을 확장·정련·형성하고, 동료 상호간에 서로 가르치고, 교실 내 수업을 연구하고, 현장의 문제를 해결하기 위하여 협동적 노력을 하는 신뢰적 과정이라고 할 수 있다.

이러한 동료적 공동노력은 동료의식, 협동성, 자율성, 개방성, 신뢰성, 계속적 성장에 바탕을 둔 전문직에 꼭 필요한 것이다. 교직이 진정 전문직이 되려면 이러한 동료장학이 활성화, 보편화되어야 한다. 좀더 구체적으로는 교사의 고립성 탈피, 협동적 규범형성, 공개토론장 마련, 성공적 실천 공유, 연수의 수업현장 적용, 교사의 연구자로서의 격상, 반성적 실천 격려란 측면에서 동료장학은 교사의 성장, 발전을 가져오게 한다.

동료장학의 형태는 여러 가지 있을 수 있으나, 공식적인 것과 비공식적인 것으로 나누어 볼 수 있는데 공식적인 것으로는 초청교사 주도적 코치, 협동적 코치, 전문적 코치, 공동교수계획, 공동교수, 비공식적인 것으로는 문제해결, 녹화 테이프 분석, 연구 집단, 교수실천 대화 나누기, 현장연구, 대화산책, 교육과정개발, 교육자료 개발, 범교과적 통합단원계획 등이 있을 수 있다.

이러한 동료장학을 현장학교에서 실천하기 위해서는 먼저 동료장학에 알맞은 학교문화를 형성해야 하고 또 반대로 동료장학을 통해서 전문직에 알맞은 학교문화를 형성해야 하기도 한다. 바람직한 학교문화로는 협동성, 자기지시성, 신뢰성, 헌신성, 자율성, 학습의 전문직 학교문화라고 할 수 있다.

동료장학의 과정은 대체로 임상장학과정을 거치게 되는데 계획협의회, 수업관찰, 반성의 시간, 보고협의회의 과정에서 교사와 장학 자가 각자의 역할을 수행하여 교수기술 향상과 전문직적 성장을 가져오게 한다.

교내 모든 교육활동이 다 그렇지만 동료장학에서도 교장의 역할이 중요하다. 교장의 지원이 없으면 교사들 스스로 동료장학을 통해서 전문가로 성장하고자 해도 효과성을 거두기는 극히 어렵게 된다. 동료장학에서 교장은 코치의 역할, 초청교사의 역할, 프로그램 조정자 역할, 프로그램 지원자 역할, 촉진자 역할, 프로그램 대표자 역할을 담당할 수 있다.

20세기에서 21세기로 넘어가고, 산업사회에서 지식정보사회로 넘어가는 대전환기에서 교육의 역할은 더욱 중요해진다. 이러한 중요한 시기에 우리나라에서는 지금 교직이 흔들리고 있다. 교사들이 움츠러들고 사기가 저하되고 있다. 그렇다고 교육을 포기하거나 방치해서는 우리는 더욱 희망을 가질 수 없다.

이렇게 어수선하고 혼란스러울 때일수록 교원은 항상 본질을 찾고 제자리를 지키는 일에 우선순위를 두어야 한다. 그 우선순위 중 하나가 스스로 계속 성장하고자 하는 동료장학이라고 본다.

이를 현장에 적용하기에 많은 어려움이 있겠지만 교장의 지도력과 교사의 협동적 공동노력으로 이를 극복할 수 있을 것으로 본다.

참고문헌

주삼환(1996), **학교경영과 교내장학**. 서울: 학지사.

주삼환(1997), **변화하는 시대의 장학**. 서울: 원미사.

주삼환 외(1998), **수업관찰과 분석**. 서울: 원미사.

Association for Supervision and Curriculum Development. *Opening Doors*: *An introduction to Peer Coaching* Alexandria. Virginia: ASCD.

Brandt. Ronald S.(1989). *Coaching and Staff Derelopment* Alexandria. Virginia: ASCD.

Dantonio. Marylou(1995) *Collegial Coaching*: *Inquery into Teaching Self* Indiana: Phi Delta Kappa.

Dewey. john(1938). *Experience and Education*. New York: Macmillan.

Lieberman. Ann and Miller Lynne(1992). "Teacher Development in Profession a Practice Schools" in *Professional Practice Schools*: *Linking Teacher Education and School Reform* ed. Marsha Levine. New york: Teachers College Press.

Manen. Max Van(1933). "Linking Ways of Knowing with Ways of Being Practical." *Curriculum Inquiry*. 6. no. 3.

Phi Delta Kappa(1989). *Teacher Peer Coaching*. Bloomington. Indiana: Phi Delta Kappa.

Robbins. Pam(1991). *How to Plan and Implement a Peer Coaching Program*. Alexandria. virginia: ASCD.

16. 교육전문직, 교육지도자의 길을 향하여

1) 전문직의 기준

흔히 교직을 전문직이라고 한다. 그러나 전문직의 기준에 비추어 보면 교직이 '전문직이어야 한다(what ought to)'는 데 이의를 제기하는 사람은 없으나 현재 '전문직이냐', '전문직으로 인정받고 있느냐(what is)'에는 아직 모든 나라, 모든 사회, 모든 사람에 의하여 의견일치를 보고 있지 못하다.

대개 전문직의 기준으로 많이 인용되고 있는 리버만(Lieberman)의 사회적 봉사, 지성적 기술, 전문화된 교육과 훈련, 자율성, 책임성, 이타성, 자기통제, 윤리강령의 여덟 기준에 의하면 교직은 아직 의사나, 변호사, 성직자 수준의 완전전문직으로 인정받고 있지 못하다. 우리가 아직 완전전문직으로 인정받지 못하면 못할수록 완전전문직으로 인정받기 위해 더욱 전문성 신장에 피나는 노력을 해야 한다.

그런데 우리나라에서는 이러한 전문직의 기준을 엄격하게 적용하지 않은 채 전통적으로 교직을 전문직이라고 생각해 왔다. 미국에서는 초·중등공립 학교 교사를 반전문직(semi-professions)으로 보고 있다.

에치오니(Amitai Etzioni. The Semi-Professions and Their Organiations: Xurses. Social Workers. 1969)는 완전전문직과 반전문직을 8가지 기준에 의하여 구분하고 있다. ① 지식을 다루는 데 있어서 완전전문직은 창조와 적용에 초점이 맞춰지는데 반전문직은 의사소통(전달)에 그치고 ② 의사소통 특권의 측면에서 완전전문직은 보호를 받는데 반전문직은 보호를 받기 어렵고 ③ 생사 관련에서 완전전문직은 흔히 관련이 있는데 반전문직은 거의 관련이 없고 ④ 자율성에서 완전전문직은 대단히 많은데 반전문직은 부족하고 ⑤ 통제 자가 누구냐 에서 완전전문직은 내적 통제(자기 자신)이고 반전문직은 외부통제(행정가, 비전문위원회)이고 ⑥ 실천자 조직에서 완전전문직은 독립적이고 덜 관료화되었는데 반전문직은 관료적이고 ⑦ 성별에서 완전전문직은 남성위주인데 반전문직은 아직 여성위주이고 ⑧ 훈련연수에서 완전전문직은 5년 이상인데 반전문직은 5년 이하라고 비교하였다. 이러한 기준에 비추어 봐도 우리나라의 교사의 경우는 말로만 전문직이라고 했을 뿐이지 실지로 전문직으로 인정해 주고 대접해 주지 못하고 있는 것이 현실이다.

전문직으로 인정받는 것은 저절로 되는 일이 아니다. 당사자들의 단결과 투쟁의 산물로 쟁취되는 것이다.

2) 교육전문직

우리나라에서 흔히 교사도 전문직이라고 하는데 교원 외에 '교육전문직'이라는 직이 또 별도로 있다. 장학사(교감수준)와 장학관(교장수준), 교육연구사(교감수준)와 교육연구관(교장수준)을 우리는 '교육전문직'이라고 하여 '교원직'과 분리하여 직렬을 달리 하고 있다. 그래서 교원직인 유·초·중등교사, 대학의 조·부·교수, 원·교감, 원·교·총장의 자리로부터 교육전문직〔장학사(관), 교육연구사(관)〕으로 자를 옮길 때나 그 반대로 옮길 때는 직렬을 바꾼다고 하여 전직이라고 한다. 교원직도 전문직이라고 하는데 이와 직렬을 달리하여 별도로 '교육전문직'이란 이름을 붙였으니 교육전문직은 전문직 중의 (교육)전문직이 되는 셈이다.

교사, 교(원)감, 교(원)장에게는 자격증이 요구되어 자격증이 따로 있고, 승진하는데 따라 신분변동을 하게 된다. 그런데 교육전문직과 대학교원에게는 자격증이 따로 없고 그 전문성에 따른 '자격기준'만 있다. 자격기준에 해당하는 사람을 그 직에 보임하면 사(장학사, 교육연구사)가 되고 관(장학관, 교육연구관)이 되는 것이다. 교육전문직의 자격기준은 〈표 6〉 과 같다. 그러나 실제로는 시·도 교육청에서 교육전문직 공채시에는 이보 다 더 높은 기준을 적용하게 된다.

그리고 교육청이나 교육부, 각 기관의 자리마다 보임할 수 있는 직급이 정해져 있다.

<표 6> 교육전문직의 자격기준

직명	자격기준
장학관·교육연구관	1. 대학·사범대학·교육대학졸업자로서 7년 이상의 교육경력이나 2년 이상의 교육경력을 포함한 7년 이상의 교육행정경력 또는 교육연구경력이 있는 자 2. 2년제 교육대학 또는 전문대학 졸업자로서 9년 이상의 교육경력이나 2년 이상의 교육경력을 포함한 9년의 경력 또는 교육연구경력이 있는 자 3. 행정고등고시 합격자로서 4년 이상의 교육경력이나 교육행정경력 또는 교육연구경력이 있는 자 4. 2년 이상의 장학사, 교육연구사의 경력이 있는 자 5. 11년 이상의 교육경력이나 2년 이상의 교육경력을 포함한 11년 이상의 교육연구경력이 있는 자 6. 박사학위를 소지한 자
장학사·교육연구사	1. 대학·사범대학·교육대학졸업자로서, 5년 이상의 교육경력이나 2년 이상의 교육경력을 포함한 5년 이상의 교육연구경력이 있는 자 2. 9년 이상의 교육경력이나 2년 이상의 교육경력을 포함한 9년 이상의 교육행정경력 또는 교육연구경력이 있는 자

비고: 1) 이 표의 "대학"에는 한국방송통신대학 학사 과정을, "전문대학' 에는 한국방송통신대학 전문대과정과 종전의 초급대학·실업고등 전문학교 및 전문학교를 포함한다.

2) 특수지 근무를 위하여 장학관·교육연구관 또는 장학사·교육연구 사를 임용할 때에는 교육행정경력 또는 교육연구경력을 교육경력 으로 갈음할 수 있다.(참조 1다 2-06-23).

앞에서 교원직과 교육전문직이 직렬을 분리하고 있다고 했는데 이렇게 직렬을 달리할 때는 하는 일과 기능, 전문성이 다르기 때문이었을 것이다. 그런데 우리의 현실은 잦은 전직으로 인하여 직렬을 달리 만들어 놓은 의도와 목적을 제대로 살리지 못하고, 달성하지 못하고 있는 셈이다. 교사나 교감에서 장학사·교육연구사로, 또 그 반대로 장학사나 교육연구사에서 교감이나 교장으로, 교감이나 교장에서 장학사나 교육연구사, 장학관이나 교육연구관으로 잦은 수평이동 전직, 승진(수직)이동 전직을 하여 스스로 전문성을 인정하지 않거나 무시하는 일이 많은데 앞으로 시정되어야 할 것이다.

3) 교육전문직의 기능과 이에 요구되는 능력

교육전문직은 장학사·관과 교육연구사·관으로 나누어져 있지만 장학사·관과 교육연구사·관의 하는 일이 그렇게 많이 구별되거나 다른 것은 아니다. 대개 각 기관마다 장학사와 연구사의 정원의 수가 정해져 있어 장학사가 되고 교육연구사가 되는 경우가 많다. 대개 교육연구사는 연구원이나 연수원에 정원이 많이 배치되어 있고, 교육부의 경우는 섞여 있다. 교육부의 경우는 장학사를 교육연구사보다 서열상 높게 보는 경향이 있다. 장학사와 교육연구사는 명칭은 다르나 실제 하는 일에는 차이가 별로 없다. 또 일반인이 보기에 교육연구사 자리인지 장학사 자리인지 잘 알 수도 없고, 또 구별도 잘 안되기 때문에 장학사나 교육연구사를 모두 편하게 그냥 '장학사'라고 불러주는 경우가 많다.

교육전문직으로 모두 학교 밖에 배치되어 있다. 그래서 교육전문직이 되면 일단 일시적으로 교실과 학교를 떠나게 되는 셈이다.

시·군·구 교육청, 시·도 교육청, 교육부, 기타 교육부와 시·도교육청 관할기관에 배치되어 근무하게 된다. 관할기관으로 대표적인 곳이 교육연구원(과학교육원과 합쳐져 다양한 이름으로 불리어짐), 교육연수원, 학생수련원(야영장) 등이다.

　어디에 배치되고, 보임되느냐에 따라 교육전문직이 하는 일과 기능은 다양하겠지만 중요한 몇 가지만 들어보기로 한다.

(1) 지도력

　우리나라에서 교육전문직은 일단 '지도자직'이라고 할 수 있다. 교사를 도와주고 지도하는 위치에 있기 때문이다. 그래서 관료적 당국자나 관리이기보다는 교육적 지도자, 장학적 지도자, 수업적 지도자로서 지도력을 발휘해야 한다. 지도력에 관한 이론은 장황하게 설명할 이유는 없지만 최근에 변혁적 지도력, 문화지도력, 도덕적 지도력, 초지도력(super leadership)이란 말이 많이 오르내리고 있다.

　변혁적 지도력(transformational leadership)은 교환적 지도력에 대가 되는 것으로 구성원의 상위욕구에 동기유발시키려는 것으로 구성원을 질적으로 변화시키려는 것이다.

　문화지도력(cultural leadership)은 조직문화가 중요시되고 강조되면서 좋은 조직문화를 유지하고 새로운 좋은 조직문화를 형성하는데 지도자가 지도력을 발휘해야 한다는 데서 나온 지도력이다. 개혁과 조직발전에서도 단순히 구조만 바꿔 놔서는 성공할 수 없고 조직문화가 바뀌어야(문화개혁) 한다고 하여 여기서 문화지도력이 주목받기 시작한 것이다. 그래서 '중앙집권적'이었던 '더 많이 주의식'개혁(교육개혁 제1의 물결), '상향식 구조개혁(Restructuring)(교육개혁 제2의 물결)'에 이어 '문화개혁'을 교육개혁의 제3의 물결이라고 한다. 여기서 지도자의 문화지도력이 중시될 것이다.

　도덕적 지도력(moral leadership)은 단순히 지도자의 도덕성만 강조하는 것이 아니라 조직구성원의 자기지도력까지 포함하는 것으로 '지도자의 도덕성과 추종자의 자율성 확보를 통하여 지도자가 자신의 도덕적 품성과 능력을 바탕으로 추종자들의 존경과 신뢰를 획득하고 나아가 추종자들로 하여금 자기지도자가 되도록 자극하고 지도자 자신도 지도자의 지도자가 되어 궁극

적으로 효과적이고 도덕적인 조직이 되도록 하는 하나의 지도성 기제라고
할 수 있다.'

초지도력(super leadership)은 봉사적 청지기식 지도력을 포함하여 구성
원의 자기지도력을 의미한다.

이렇게 교육전문직에게는 높은 지도력이 요구되기 때문에 단순히 교육에
대하여 많이 아는 것만으로는 충분하지 못하다. 그래서 교육전문직 선발과
임용·보임시에도 이러한 지도력이 있는지, 교사의 본보기가 될 수 있는지
확인하기 위하여 현재뿐만 아니라 과거의 교직생활까지도 캐어 보기 위하여
과거에 같이 생활했던 동료·상급자에게까지 조회하려는 경향이 있다.

(2) 인간관계기술

교육전문직은 자리에 따라 다양한 일을 해야 하겠지만 사물(material)을
다루기보다는 사람과 교사들과 함께 일하여 교사의 올바른 자아개념과 태도,
행동양식을 형성해 주는 기능과 역할을 해야 한다. 그래서 교육전문직은 사람
과의 관계, 즉 인간관계기술, 사회성 기술이 특히 요구된다. 물론 전문적 기
술(technical)과 통합적기술(conceptual skill)도 필요하다.

(3) 행정능력

우선 행정적·사무적인 일을 많이 하게 된다. 그래서 교육전문직은 우선
행정에 대하여 알아야 한다. 특히 법과 제도, 행정을 모르고서는 일을 해
낼 수가 없다. 교사일 때는 한 교과, 한 학년·학급을 맡아 수업만 잘 하
고 학생만 잘 다루면 유능하다고 했지만 교육전문식이 되면 행정조직 속에
서 행정적으로 일을 처리해야 한다. 그 중에 많은 것이 사무적인 일이다.
이것을 잡무라고 불평하지만 누군가는 해야 할 일이다. 더구나 장학사에게
는 도움을 받을 보조인력도 없다. 이 부분에서 일반직에 비하여 능률이 떨
어지고 미숙하다는 비난을 받기도 한다. 전문직의 배경으로 보아 그럴 수
밖에 없지만 어쨌든 현실적으로 행정적, 사무적, 잡무적 일을 안 할 수 없

는 실정이므로 빨리 이에 적응할 수 있는 능력을 길러야 한다. 관료적이라고 비난하기도 하지만 관료적인 일을 전혀 안 할 수 없고, 오히려 학교보다 더 관료적인 조직으로 들어가는 셈이다.

(4) 법　규

행정적인 일을 하려면 법과 규정에 의해서 해야 한다. 그런데 교원으로서 수업을 할 때는 법과 규정과는 거리가 멀기 때문에 교사들이 법과 규정에 대하여 잘 알리가 없다. 그래서 이 부분에서 일반직에 비하여 부족하다는 말을 듣기 쉽다. 그래서 장학사라도 최신(자주 바뀌므로) 「교육법전」을 항상 옆에 놓고 관련 규정을 찾아보고 일을 처리해야 한다.

그래서 교육전문직 선발시험에서도 공문서 기안, 사안처리능력, 법규적용능력을 필기시험이나 면접에서 확인하려는 경우가 많다.

(5) 교육과정

장학사는 이제 전문직에 걸맞은 일로 교육과정에 관한 일을 해야 한다. 이제 교육부는 물론이고 시·도 교육청, 학교수준에서 교육과정을 개발하고 또 교육과정의 질을 관리하고 향상시켜야 하므로 교육전문직이라면 교육과정 전문가가 되어야 한다. 그런데 자기 전공교과, 자기 학교수준(유·초·중등)의 교육과정만 알아 가지고는 충분치 못하다. 교육과정이 수직·수평으로 모두 연결되어 있기 때문에 교육과정 전반에 대하여도 알아야 한다. 그래서 교육전문직 선발시험에서도 이 부분을 경시하지 않는다. 이 영역을 교육과정 장학이라고 할 수 있다.

(6) 수업지도력

또 하나 교육전문직에게 있어서 전문적인 영역은 수업에서 지도력을 발휘해야 하는 것이다. 교사의 수업을 도와주고 또 지도해야 하기 때문이다. 그래서 수업모형에 따른 수업계획과 수업지도방법, 평가방법에 대하여 알아야 한다. 이 영역을 수업장학의 영역이라고 할 수 있겠는데 수업장학을 하지만 장학사는 교사의 수업을 관찰하여 자료를 수집하고 분석할 수 있는 '수업관찰과 분석'의 기술과 능력을 갖춰야 한다. 그리고 수업관찰의 사전·사후에 교사와 장학협의회를 해야 하는데 그러려면 협의(conference) 기술과 능력을 길러야 한다. 협의기술은 의사소통기술(communication skill)이 주가 되지만 단순한 의사소통뿐만 아니라 상담기술의 수준까지 요구된다. 그리고 실지로 교육전문직은 교사를 상담하는 상담자의 역할도 수행해야 한다. 교육전문직 선발시 고시 공부하듯이 시험 준비에 매달리는 폐단을 막기 위해 실지로 수업을 잘 하고 수업에 대하여 잘 아는 사람에게 유리하게 하려는 교육청도 있다.

(7) 교육연구방법

교육전문직에게 있어서 또 하나의 전문적 영역은 연구(research) 영역이라고 할 수 있다. 각종 실험학교, 연구학교, 현장연구 교사를 직접 지도하고 운영해야 하는 경우가 많기 때문에 '교육연구법'에 대하여 알아야 한다. 연구주제 선정, 연구의 단계와 과정, 연구방법, 연구보고서 작성법, 연구계획서·연구보고서 평가와 심사방법 등에 대하여 알아야 한다. 교육통계방법에 대하여도 알아야 할 것은 당연하다. 특히 연구원에 근무하게 될 경우는 본인이 직접 연구를 수행해야 할 것이므로 연구능력이 없어서는 안될 것이다. 교육전문직 선발시험에서도 이 부분을 간과하려고 하지는 않을 것이다. 교육연구사가 주로 연구적인 일을 해야 할 것 같으나 앞에서 말한 것처럼 장학사도 연구적인 일을 해야 한다.

(8) 연수와 능력개발

교육전문직은 교사의 능력을 개발하는 일을 해야 한다. 학교나 교원연수원에 초청받아 실지로 현장에 가서 강의를 하거나 실험·시연을 하여 보여 주기도 해야 한다. 그리고 실지로 시범수업을 하여 교사를 연수시키고 능력개발을 도와줘야 한다. 그래서 장학사는 연수와 능력개발에 대하여 알고 또 그런 기능과 능력도 갖추고 있어야 한다.

특히 교원연수원에 근무하게 되거나 교원연수 관련 업무를 담당할 경우 연수계획, 연수 프로그램 개발, 강사 섭외, 성적평가, 연수 프로그램 평가 등에 대하여 잘 알아야 한다. 교육과정 개발과 마찬가지로 연수 프로그램 개발도 중요한 전문적 영역이 된다.

(9) 특수기능

앞에서 열거한 것 이외에 교육전문직에게 특수능력을 요구하고, 또 다른 전문직과 별도로 선발하는 경우도 있다. 전산능력, 국제 업무 수행을 위한 외국어 능력, 생활지도, 학생상담능력을 요구할 수도 있다.

교육전문직은 그야말로 팔방미인이 되어야 한다는 느낌을 받을 것이다. 그래서 특히 우리나라에서는 특정 자리를 정하여 그 자리에 맞는 특정 능력을 가진 사람을 그 자리로 선발하는 것이 아니라 교육부 또는 시·도 단의로 선발해 놓고 아무 자리에나 배치하는 형식이고 또 근무 중에도 자주 자리바꿈을 하고 업무를 바꾸기 때문에 앞에서 열거한 일을 다 할 수 있어야 하고 그러기 위해서는 앞에서 열거한 기능과 능력을 다 갖춰야 한다는 의미가 된다. 다 잘한다는 것은 전문직이 아니라는 역설이 된다. 그래서 교육전문직에 들어서려는 사람은 어쩔 수 없이 이들 분야와 능력에 대하여 준비하고 또 선발시험에서 이를 증명으로 보여 주지 않을 수 없게 되는 것이다. 그리고 선발시험관도 이를 확인하려고 할 것이다.

4) 교육전문직 공채 준비

독자의 관심은 교육전문직 공채방법과 이에 대한 준비방법일 텐데 이는 교육부나 각 시·도에 따라, 또 같은 시·도 교육청이라도 때에 따라 각각 다르고, 또 초등과 중등이 다르기 때문에 한 가지로 소개하거나 설명하기는 극히 어렵다. 본인에게 해당하는 사항과 예년의 경향을 파악하여 전략을 짜 가지고 교육전문직 공채에 대비해야 할 것이다.

(1) 지원자격

앞에서 〈표 6〉로 제시한 교육전문직 자격기준이 있으나 대개 각시·도 교육청은 이보다 더 높은 기준을 요구하는 경우가 많다. 대개 9년 이상의 교육경력을 요구하는 경우가 많고 15년 이상을 요구하는 도가 하나 정도 있다. 그런데 교육부에서는 이보다 낮추어 젊은층을 원하는 경향이 있다(1999의 경우 교육경력 6년 이상, 36세 이하). 그리고 각 시·도 교육청에서는 교감자격증 소지자를 선호하는 경향이 있고 또 박사학위도 별도로 선발하며 이들에게 필기시험을 면제해 주는 등 특별전형을 하는 경우가 많다. 현직 교감, 교장, 학위자에게 가산점을 부여하는 곳도 있다.

중등의 경우는 과목별로 뽑는 경향이 있어 과목별 경쟁이 되는 경우가 많다. 전공 교과목에 따라서는 안 뽑는 경우도 있으니 기회를 잘 잡아야 한다. 그리고 근무성적은 모두 '우' 이상을 요구하는 경향이다.

(2) 공채전형방법

시·도 교육청에 따라 다르지만 대개 1차에 객관식, 주관식, 필기시험(1차를 서류전형으로 하고 3차까지는 두는 시·도도 있다), 2차에 논술과 면접시험을 실시하는 경우가 많다. 논술을 1차에 객관식과 주관식 논술, 약술을 통하여 능력을 파악하게 된다. 객관식의 경우는 물론이고 논술의 경우도 가능한 한 답이 분명한 것을 출제하게 된다. 이론이 많고 여러 학설이 많은 것은 출제자들이 피할 수밖에 없다. 과목과 분야로는 교육행정학, 장학론, 교육법규, 교육과정, 수업·교수학습이론, 교육평가, 교육연구방법 등이 중시되어야 할 것이다. 그리고 평상시 전문교육지, 교육신문을 읽어서 시사적인 문제에 대하여 촉각을 예민하게 해야 할 것이다.

2차에서는 주로 실무, 실기, 품성 등을 알아보려고 하는 경향이 있다. 수업과 관련하여 어떤 조건을 주고 수업지도안을 작성라고 하기도 하고, 수업지도안을 작성하여 실제 수업까지 해 보라고 하여 평가하는 교육청도 있었다.

행정적인 내용으로는 조건을 주고 학교에 보낼 공문을 기안하라는 문제가 자주 나오기도 하고, 장학사에게 자주 부닥치는 사안이나 사례를 주고 이것을 어떻게 처리할 것인가를 묻기도 한다.

컴퓨터 다루는 능력을 알아보기 위하여 자료 검색, 인터넷을 활용하여 자료를 찾아내라고도 한다. 이제 컴퓨터를 다루는 것은 기본이 되다시피 하였다고 보아야 한다.

외국어 능력을 알아보기 위하여 영어 회화로 면접하기도 한다.

면접에서는 시사적인 것을 묻는 경우가 많다. 여러 문제를 놓고 수험자 본인의 추첨에 의하여 문제를 선택하고 답하게 하는 경우가 많다. 각 분야를 묻는 면접관의 방(면접실)을 통과하다 보면 웬만한 실력은 다 나오게 된다고 보아야 한다.

교육전문직은 교사의 모범이 되고 존경을 받아야 하기 때문에 인간성과 품성을 알아보기 위하여 현임교 뿐만 아니라 전임교의 교장·교감, 동료교사들에게 조회해 보고 수업지도안, 교무분장의 사무처리 등을 확인하는 경우도 있었다. 그리고 그 동안 교육청의 사업과 업무에 무엇을 어느 정도 기여했는가에 대하여도 공식적 또는 비공식적으로 반영하기도 한다.

5) 교육전문직의 보람

교육전문직은 고달프고 어려운 자리이다. 다른 사람의 지도적 위치에 선다는 것이 그렇게 쉬운 일은 아니다. 그렇다고 교육전문직이 대우와 존경을 받는 실정도 못된다. 그렇지만 개인으로서는 능력만 있다면 봉사의 보람과 교사를 도와줌으로써 얻는 보람을 얻을 수 있다. 학생을 지도함으로써 얻던 보람을 교사와 학교를 도와줌으로써 얻는 보람으로 대체해야 한다.

교육전문직은 지도적 위치, 행정적 위치에서 일해 봄으로써 넓은 시야를 가질 수 있게 되고 또 행정적 감각을 익힐 수 있는 계기를 갖게 되어 개인적으로도 한 단계 더 성숙하게 될 수 있다. 그래서 개인적으로 어렵기는 하지만 또 큰 사람이 될 수 있다는 점을 좋게 생각할 수 있다.

교육전문직이 어려운 자리이기는 하지만 과거에는 승진에서 좀 유리한 점이 있었으나 지금은 그런 점이 많이 사라졌다. 교육전문직을 거침으로써 약간 유리한 사람도 있고 오히려 불리해질 사람도 있을 것이다.

어떤 사람은 교육전문직이 되면 최소한 시·군 교육청 이상의 도시에 근무할 수 있다는 점 때문에 거치고자 하는 사람도 있을 수 있다. 그러나 이것은 바람직한 동기라고 보기는 어렵다.

앞으로 교육전문직은 전문적인 일을 함으로써 보람을 얻을 수 있도록 제도적으로 보장해 줄 수 있어야 한다. 전문직답게 최고의 대우와 존경을 보내줘야 한다. 교육전문직 공채에 성공하고, 그래서 교육전문직에 임용되어 교육전문가로서 보람찬 삶이되길 빈다(教員考試, 한국교총 한국교육신문사, 1999).

● 저 자 소 개 ●

주삼환(朱三煥)

●약력●

서울교육대학 교육학과 졸업
서울대학교 교육대학원 교육행정 전공(교육학석사)
미국 미네소타 대학교 대학원 교육행정 전공(철학박사)
전 서울 시내 초등학교 교사 약 15년
　　한국교육학회 회원, 한국교육행정학회 회장(1999)
　　미국 오하이오 주립대학교 객원교수(2003~2004)
현 충남대학교 인문대학 교육학과 교수

●저서 및 역서●

『사회과학이론입문』(공역, 한국학술정보
　(주), 2005)
『한국교육행정강론』(한국학술정보(주),
　2005)
『질의 교육과 교육행정』(한국학술정보(주),
　2005)
『수업분석과 수업연구』(공저, 한국학술정
　보(주), 2005)
『교육행정철학』(역, 한국학술정보(주), 2005)
『미국교육행정』(역, 한국학술정보(주), 2005)
『입문 비교교육학』(역, 한국학술정보(주),
　2005)
『임상장학』(역, 한국학술정보(주), 2005)
『교육행정사상의 변화』(한국학술정보(주),
　2005)
『위기의 한국교육』(한국학술정보(주), 2005)
『교양 인간관계론』(공역, 한국학술정보(주),

　2005)
『우리의 교육, 몸으로 가르치자』(한국학
　술정보(주), 2005)
『전환시대의 전환적 교육』(한국학술정보
　(주), 2006)
『장학: 장학자와 교사의 상호관계성』(역,
　한국학술정보(주), 2006)
『허즈버그의 직무동기이론』(역, 한국학술
　정보(주), 2006)
『대안적 교육행정학』(공역, 한국학술정보
　(주), 2006)
『전환적 장학과 학교경영』(한국학술정보
　(주), 2006)
『교육행정 특강』(한국학술정보(주), 2006)
『교장의 리더십과 장학』(한국학술정보(주),
　2006)
『교장의 질 관리 장학』(한국학술정보(주),

2006)

『지방 교육자치와 대학자치』(한국학술정
　　보(주), 2006)

『장학의 이론과 기법』(한국학술정보(주),
　　2006)

『리더십의 철학』(한국학술정보(주), 2006)

『교육행정 및 교육경영』(공저, 학지사, 2003,
　　개정판)

『미국의 교장』(학지사, 2005)

『교육이 바로 서야』(원미사, 2002)

『전환기의 교육행정』(성원사, 1996)

『학교경영과 교내장학』(학지사, 1996)

『교육행정 및 교육경영』(공저, 삼광출판
　　사, 1995)

『장학론』(공저, 한국교육행정학회, 1995)

『장학론』(공저, 한국방송통신대학, 1991)

『인간자원장학론』(공역, 배영사, 1987)

『장학론: 선택적 장학체제』(역, 문음사,
　　1986)

『교육행정연구』(성원사, 1985)

『장학론』(공역, 학문사, 1984)

『교육정책의 새로운 방향』(역, 교육과
학사, 1983)

『교육학개론』(공저, 정민사, 1983)

『장학론』(갑을출판사, 1982)

『신장학론』(역, 교육출판사, 1979)

올바른 교육행정을 지향하여

• 초판 발행 | 2006년 2월 1일
• 초판 인쇄 | 2006년 2월 1일

• 지 은 이 | 주삼환
• 펴 낸 이 | 채종준
• 펴 낸 곳 | 한국학술정보㈜
　　　　　경기도 파주시 교하읍 문발리
　　　　　파주출판문화정보산업단지 526-2
　　　　　전화 031) 908-3181(대표) · 팩스 031) 908-3189
　　　　　홈페이지 http://www.kstudy.com
　　　　　e-mail(e-Book사업부) ebook@kstudy.com
• 등 　 록 | 제일산-115호(2000. 6. 19)
• 가 　 격 | 13,000원

ISBN　89-534-2885-8 93370 (paper-Book)
　　　　89-534-2886-6 98370 (e-Book)